中央民族大学"九八五工程"
三期专门史重点学科建设项目

民族文献丛刊

花苗史略校释

◎韩杰 著
◎朱佶丽 整理
◎苍铭 段阳萍 校释

中央民族大学出版社
China Minzu University Press

ISBN 978-7-5660-0523-6

9 787566 005236 >

图书在版编目（CIP）数据

《花苗史略》校释／韩杰著；朱佶丽整理；苍铭，段阳萍校释．—北京：中央民族大学出版社，2013.12

ISBN 978-7-5660-0523-6

Ⅰ．花…　Ⅱ．①韩…　②朱…　③苍…　④段…　Ⅲ．①苗族—法的理论—民族历史—研究—中国　Ⅳ．①K281.6

中国版本图书馆 CIP 数据核字（2013）第 244892 号

《花苗史略》校释

著　　者　韩　杰

整　　理　朱佶丽

校　　释　苍　铭　段阳萍

责任编辑　黄修义

装帧设计　布拉格

出 版 者　中央民族大学出版社

北京市海淀区中关村南大街 27 号　邮编：100081

电话：68472815（发行部）　传真：68932751（发行部）

68932218（总编室）　68932447（办公室）

发 行 者　全国各地新华书店

印 刷 者　北京宏伟双华印刷有限公司

开　　本　787×1092（毫米）　1/16　印张：10.5

字　　数　88 千字　影 印：60 页

版　　次　2013 年 12 月第 1 版　2013 年 12 月第 1 次印刷

书　　号　ISBN 978-7-5660-0523-6

定　　价　160.00 元（精装）

前言

一九九八年五月四日，国家主席江泽民在庆祝北京大学建校一百周年大会上发表讲话，提出：『为了实现现代化，中国要有若干所具有世界先进水平的一流大学』，为实现这一目标，教育部决定在实施『面向二十一世纪教育振兴行动计划』中，重点支持国内三十八所高校创建世界一流大学和高水平大学，简称『九八五工程』。

二〇一〇年，中央民族大学历史文化学院专门史（中国民族史）专业获得『九八五工程』三期建设经费的支持，由我负责项目的总体设计和组织实施。经过反复研讨，我们确立了以科学研究为导向，以人才培养为核心，长远规划，分段实施，促进学科发展的指导思想。以科学研究为导向就是通过中国民族史的科研活动，引领学科的发展；以人才培养为核心就是科研服务于本科、研究生的培养，通过科研项目培养优秀的民族史人才；分段实施就是持之以恒地进行某几个领域的研究，通过『九八五工程』的连续建设，出一批高质量的学术成果。

为实现建设的指导思想，我们选择了民族史史料搜集整理研究、国外中国民族史研究动态研究两个学科基础性的研究领域，确定了中国边疆民族地区自然环境资料整理研究、南方少数民族民间文书调查与研究、国外中国边疆民族史研究动态研究、唐代墓志石刻资料研究四个研究方向。

中国边疆民族地区自然环境资料整理研究项目由李德龙教授主持，主要是整理研究明清至民国时期中国边疆民族地区的各种古籍文献，尤其是边疆各省（区）的地方志，分门别类地从中辑录出各省（区）关于山川、水利、土壤、物产、气候、灾害等自然环境方面的史料。史料的整理对研究边疆地区环境的变迁历史有重要的学术价值，可为地方经济建设提供重要资料和历史经验借鉴。

南方少数民族民间文书调查与研究项目由苍铭教授主持，主要是调查与整理南方各族中保存的族谱及契约文书，项目的意义在于：第一，可为南方民族历史研究提供重要史料，中国南方有三十多个世居民族，大多数民族没有自己的文字和文献，民间文书可以弥补民族史研究的史料不足。第二，民间文书记录了各民族与汉族间的经济、文化、血缘的交融过程，对研究中国民族关系发展的历史过程有重要

意义。

中国边疆民族史研究动态项目由高翠莲教授主持，项目主要是翻译和介绍外国人研究中国民族历史的成果。项目的意义和价值是有助于拓宽中国民族史学的学术视野，提高理论水平，促进国际学术交流。

唐代墓志石刻资料研究项目由李鸿宾教授主持，项目主要是辑录和研究隋唐五代时期少数民族的墓志和碑铭。项目的开展对研究中古时期的民族关系有重要的学术意义。

经过两年的项目建设，我们取得了《中国边疆民族地区自然环境资料丛刊》(云南卷)、四川凉山彝族族谱《俄糯三子——史杰·阿涅·木库世家谱》、《国外中国边疆民族史著译介》、《中古墓志胡汉问题研究》等科研成果，基本实现了建设的阶段性目标。在项目成果交付出版之际，特书弁言以记识。

苍铭

二〇一二年七月五日

总目录

上页总目录底图为1909年英国人埃德温·约翰·丁格尔（Edwin John Dingle）在云南昭通拍摄的花苗（妇女和儿童）珍贵照

《花苗史略》序论

苍铭

花苗是苗族的一个支系，是历史上汉族人对操苗语川黔滇方言滇东北次方言苗族的他称。花苗主要分布在今云南滇东北、滇北和贵州西部等地。《花苗史略》一书由云南基督教复临安息日会著名传教士、苗族学者韩杰所著。该书成书于一九三九年六月十八日，用小楷毛笔手抄缮写，三万多字。《花苗史略》成书之后，一直作为孤本由韩氏后人珍藏，没有公开出版发行过。

《花苗史略》全书分为十二章，第一章至第三章写苗族史前历史、苗族从北方向南迁徙历史，分析古代历史上苗族在历次战争中失败的原因；第四章至第六章记述花苗与彝族土司的关系、花苗著名的历史人物、花苗的传统习俗等；第七

章至第十二章记述基督教在花苗地区的传播历史和影响，该书是最早一本花苗人写自己历史的书籍。

《花苗史略》作者韩杰为贵州威宁县长海子苗族，一八九四年出生，一九〇六年入柏格理循道公会办长海子初小学习，后升入石门坎光华小学高小继续学业，一九一一年毕业。之后，受教会派遣，韩杰先后在彝良、威宁、寻甸、富民等地传教和办学。一九二八年，韩杰转入安息日会，是安息日会在云南苗族地区传教办学的开拓者，是新中国建立前滇北苗族地区最有影响的宗教人士。他曾主张富民大龙潭教会学校接受教会和地方政府双重管理。一九三七年初以后，在家潜心著述，一九三九年六月完成了《花苗史略》的撰写。该书是以一个苗族宗教人士的视角撰写的民族史，通过阅读该书，可以了解到以下历史。

一、民国时期花苗的民族观

本书所有关于族称的表述都用『苗族』，而不是『苗』、『苗民』、『苗人』等，这在二十世纪三十年代的著述中是十分少见的，反映了作者强烈的民族情感。民

国时期，为维护国家统一，北洋政府和国民政府奉行的是『五族共和』，把苗族等南方民族都视为汉族的宗支，但一些传教士和知识精英们却认为苗族是南方一个庞大的单一民族，政治上应该得到承认。一九一二年一月，中华民国南京临时政府成立，临时参议院通过专门决议，使用五色共和旗作为国旗，含『五族共和』之义。五色旗由红、黄、蓝、白、黑组成，分别象征中国汉、满、蒙、回（穆斯林）、藏五大民族。在花苗地区传教的英国牧师柏格理曾致电北洋政府，责问国旗上为什么没有苗族的代表颜色？柏格理一直认为苗族是中国重要之民族，今后一定会在政治上得到承认，由此鼓励苗族学生努力学习，将来必有大任。一九一五年，湖南著名汉族知识分子夏德渥发表《中华六族同胞考说》一文，呼吁在『五族』之外加上『苗族』。本书作者用『苗族』表述民族族称的思想，无疑受到柏格理循道公会教会学校教育的影响。此外，作者一九三三年曾受教会派遣经越南、香港、上海，到南京学习三个月，对国内学术界曾发生的关于『汉族西来』、『苗族原住』的激烈论战也应该有所了解。二十世纪初，中国学术界对『汉族西来』和『苗族原住』的问题进行过激烈的论战。『苗族原住』的说法认为中国北方平原的原住民

是苗族，《尚书·虞书》、《尚书·吕刑》、《国语·楚语》中记述的『三苗』是苗族的先民，『三苗』首领蚩尤被黄帝打败之后向南方迁徙。梁启超《中国史序论》（一九〇一年）、《历史上中国民族之观察》（一九〇五年）、蒋智由《中国历史上旧民族之史影》（一九〇三年）等都赞同此说，一九二四年法国传教士萨维纳所著《苗族史》也是此观点。《花苗史略》中把苗族作为一个单一的民族整体进行记述，一定程度上反映了那个时代苗族知识精英的民族观。

二、民国时期花苗的国家认同

从《花苗史略》的历史叙述中，还可感受到苗族人强烈的国家认同感。书中认为，信仰基督教的苗族是爱国的，相反『袁世凯之篡夺民国、康有为之恢复清帝、汪精卫投降日本，皆功名卓杰之大儒，而为卖国贼，民之罪魁』。书中记述了柏格理、钟焕然在辛亥革命后教育学生『兹之中国，为民族共组之中国也』，苗族是中国的土著民族，今后会得到中央政府的承认，并在国家政治生活中会有一席之地。动员学生捐款支持蔡锷讨袁护国。《花苗史略》在叙述苗族迁徙分散为不同支

系的历史时说：『兹为民族自决之时期，民族团结之亟需，愿为民族者，恢复为一，以辅国族，而建大厦，是所至望。』作者希望各地苗族团结一致，辅助『国族』（汉、满、蒙、回、藏）共同建设国家。

三、土目治下的苗族

清代雍正年间大规模改土归流之后，滇东北和黔西北地区的彝族大土司被废除，但直到民国时，这一地区还保留较多小土司和不入流的小土目。土目制度得以保留的主要原因是：一些土司帮助清军有功而保留品级较低之职衔；一些从征官兵因功赏给『叛产』和土目头衔；一些原土司子孙自称为土目等。深层次原因是川滇黔三省交界地区山高路险，地处偏僻，中央和地方行政力量鞭长莫及，需要借助一些土司残余势力来维护统治，给土目留下了存在的空间。土目对花苗采取的统治方式是：每个村寨设立两名『苗首』，称为『乡老』、『暑纳』，土目在每个村寨又派驻一名亲信家仆为『村头人』，多个村寨设一名总头人。土目衙署里设门上、管事、师爷、跑差等办事员。若遇有民事、刑事等案件，先由苗首禀报村头人，

村头人禀报门上，由门上报土目，土目批准授权总头人或村头人处理，如果不能解决，再由土目亲自办理。土目一手遮天，绝不允许苗族人将纠纷诉诸地方政府。《花苗史略》详细描述了彝族土目制度，对研究民国土司制度残余有重要价值。作者在书中详细描述了戛诺土目忘恩负义，欺压剥削苗族人的诸多事例，感慨虽然已经是民国新时代了，但苗族人依然处境悲惨。苗族人和土目的关系，事实上是家奴与家主的关系，苗族人生活在土目黑暗的统治之下，这让人们很容易理解，为什么花苗会大规模地皈依基督教。

四、花苗的风俗习惯

多神崇拜，万物有灵是基督教传入前花苗信仰的基本状况。基督教传入后，花苗许多传统习俗被基督教文化所革除。但本书却记录了许多花苗的传统风俗习惯，为后人留下了珍贵的民俗史料。其中较为详细的是苗族『三神』祭祀仪式，即祭祖先、祭门神、祭山神仪式。『三神』祭祀是花苗最重要的祭祀活动，祭祀方式与汉族和彝族不同，花苗内部各姓氏之间也不同，作者详细描述祭祀祖先的流

程，为民国时期盛大的花苗祭祖活动留下了文字记录。花苗缔结婚姻有两种方式：一种是父母聘媒人提亲；另一种是自由恋爱。作者在记述花苗的各种风俗习惯时，不是简单地叙述，而是将苗族的习俗与汉族、彝族的习俗进行比较介绍，认为女子纺织背水，男子耕地、编鞋，是苗族淳朴善良的民风，没有沾染祭祀偶像、烧香化纸、求仙拜佛、买妻妾、买奴隶、抢杀偷盗、贫赌诡骗等恶习，苗族社会引以为自豪的是没有乞丐。同时，作者也指出苗族最大的陋习是『花房柳行，男女赛歌，好酒淫色』，这种风俗『有碍于人种之繁衍』。

五、基督教与花苗的教育

柏格理代表的循道公会是英国基督教卫斯理宗教会在中国的一个分会，该教派的特点是通过办教育和慈善事业来传教，他们主张哪里有教堂，哪里就建学校。新中国建立前，循道公会所办教会学校几乎遍及所有花苗地区，教会学校设置国语、算术、历史、地理、自然、生理卫生、音乐、体育等课程，采用中国教育部门统编的教材，辅以宗教读本，向学生传播先进的科学文化知识和宗教思想。有

数以千计的苗族子弟受到了小学、中学、大学教育，其中还有两人获得了医学博士学位，使花苗的教育水平有了历史性的跨越。石门坎是循道公会在西南传教和办学的大本营，被当时的国内外报刊称赞为『西南苗族最高文化区』、『苗族文化复兴圣地』。《花苗史略》记述了一九〇五年至一九一五年柏格理在石门坎等地创办学校的史实，对研究基督教在花苗地区的办学历史有重要参考价值。

六、柏格理与花苗

柏格理被花苗群众视为『苗族救星』，他是基督教在花苗地区的开拓者，是西南近代宗教史、教育史上的重要人物，但对他的了解，人们多是通过近年翻译出版的柏格理所著《在未知的中国》、《中国历险记》、《苗族纪实》，以及外籍传教士王树德《石门坎与花苗》、甘铎理《柏格理传记》等书间接获得，并且是外国人的视角。《花苗史略》作者是柏格理培养的石门坎第三期毕业的学生，与柏格理有两年的师生生活经历，他在书中详细描绘了柏格理的外貌、口才，讲述了柏格理与苗族孩子玩耍、善待老人、调节纠纷、移风易俗、教育学生热爱国家等故事。

作者从一个苗族学生的视角对柏格理的记述，给读者提供了另一种认识柏格理的角度。

《花苗史略》历史叙述与历史评论相结合，既阐述了花苗的历史发展轨迹，又站在国家、民族的高度认识历史，反思历史，从探讨苗族历史上的得失，而关注中国社会的发展。希望通过历史叙述来表达苗族大众热爱国家，愿为国效力的感情。书中每章节均有史评，作者试图通过苗族历史兴衰的总结，为国家提供历史之借鉴。不断阐明花苗虽然信基督教，但是认同中国，是中华民族的一员。

《花苗史略》采用宏观与微观结合的历史叙事方式，既梳理了苗族的历史源流及花苗所处的中国历史和世界历史发展的背景；同时也记述了诸多花苗生产、生活、习俗等具体细节，使读者能够清晰地了解中国历史变动中的花苗社会，特别是在近现代中国国家政权变动背景下花苗的社会生活状态。

《花苗史略》具有浓郁的宗教色彩，作者将苗族所遇到的许多磨难和不幸，归结为《圣经》中邪恶、黑暗的魔鬼撒旦作祟所致，花苗从黑暗走向文明是主的救赎结果，这是明显的宗教唯心史观，不可采信。

特别感谢韩杰先生之子韩兴智先生，他完整无缺地将此书珍藏了半个多世纪，为苗族历史留下一份珍贵的记忆。韩杰先生的曾孙女朱信丽为中央民族大学在读博士研究生，我们合作完成该书的整理、校释工作。《花苗史略》已经成书七十四年，相信此书的公开出版，会进一步加深人们对苗族历史，特别是花苗近现代历史的认识。

花苗史略

◎韩杰 著

（影印件）

花苗史略原件影印目录

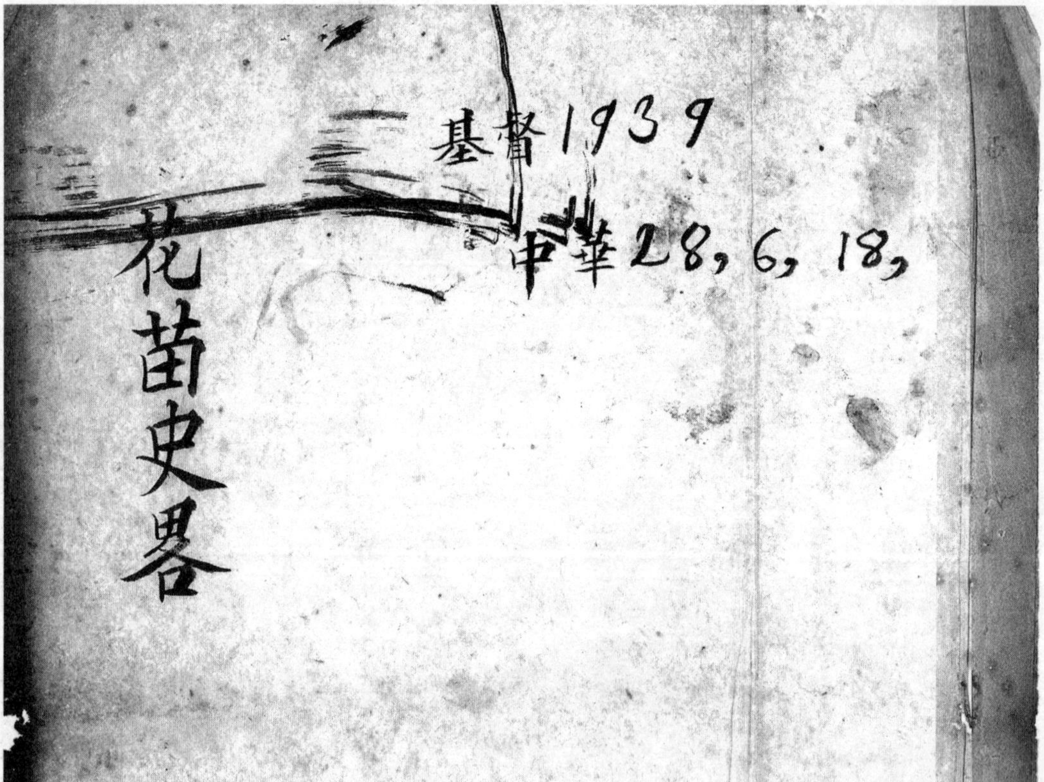
花苗史畧

基督1939

中華28,6,18,

释者按：

此目录原件略有修补：

一、第五章『之感慨』三字原已撕落，只显示『之』字上半部，现根据正文修复之；

二、第十三章原未在此页，亦用正文字迹后加之。

古傳遺語

第一章　洪水前之遺史

我花苗古史，甚無從可考。只依古人相傳，子孫相憶而記之者。相傳於洪水之前，神與人通，天女與世人聯婚，有天梯直達天宮。居天上者，最著者有二，即神人祖，與陰府王也。陰府之女，嘗與世聯婚，并誘世悖婚云。

廉甲故事

古人相傳：有廉甲者，為人孤貧。日於河岸，捕魚為生。其鉤針，忽鉤入龍王之喉管，疼之無已。龍王令其小女，名吾然吾謗者，至世求醫，將由水而出，便見廉甲，遂語之曰：吾父喉疼，特來求醫診治。汝能否？請與予往診之，誠為感激之至。廉甲曰：吾雖不能，然憐汝之疼痛，可與汝往視，能否獲愈，是亦幸焉。於是二人同往龍王府。於路時，吾然吾謗曰：苟吾父賞汝金銀驢馬，汝不可受，曰欲爾之小裸雞而已。及龍王府中，視疾即愈。龍王不捨其小裸雞，廉甲假復診而仍鉤於喉，辭而歸之。翌日吾然吾謗隨之求返而復診，如之往返三次，龍王方允賞小裸雞。廉甲將小裸雞懷抱出水，便吾然吾謗矣。可憐廉甲，有妻無家，夫婦二人，共居蒿棚。龍王憫之，當夜出建大廈宮殿，賜之婢奴。廉甲至其岳，乞六畜以養之。一旦之間，卒為大戶，豈不樂哉。可恨陰府之女，千方誘惑，誣謂吾然吾謗，身染痲瘋，宜速休之。彼願為廉甲妻云。廉甲信以為然，歸詰其妻，讒之果發

痲瘋誓必休之。吾然吾謗將歸水時，勸其夫君，三復思之，恐信彼讒，而後悔晚矣。其夫曰：為男兒志，言出意決，安有悔乎。吾然吾謗無女之何！惟從其休之而已矣。即請夫拔籐給之，三鞭上域，三鞭下域，五穀六畜，注入江河，大廈破毀，窮洗一淨。當此之時，廉甲惜而悔之，亦無濟矣。惟有仍歸而處之蒿棚，意有陰府之女，諒必反復其家，殊知廉甲至陰府求婚，不第之不嫁，而吐唾凌辱之。使廉甲尤加痛悔，泣而歸回！趟河日泣以尋其妻。幸有蝦蟆之助，吸水而乾之！致廉甲覿其妻之一靦！惜妻已嫁，不能挽回，僅受贈巾二尺，以作紀念物而已！廉甲憂不樂，游江而終其身。嗟呼！廉甲聽信陰之女，遭其讒騙，豈不為後人之鑒者哉！

孤兒故事

又有傳云：有一孤兒，無父母，無長兄，出入無依，誠可憐也！此孤兒出遊能否獲妻以相助。路遇陰府小女，牧豕於野，語投意合，願與其父言明而成親，殊知其父陰府被其兄等不願，欲煎孤兒於紅鍋以啖酒，幸得陰府小女，暗助一湧，而紅鍋冷之，遂應為夫妻。同歸凡塵，露宿於平原之野。陰府憐之，當夜下凡，建築大廈華宮，賜無數服役以事之。一日逢王趣途經此，陰府小女請夫出迎，賜酒湛之，以致全軍醉至半酣，王不能前行，假宿於孤兒家。次日王欲與孤兒易妻，孤兒躊躇難允，因其不忍易離其妻也。王再三

乘其易換，孤兒之妻，亦逼之應允，不得已而易之。衆軍護孤兒為王，前呼後擁，出發回京。惟孤兒因妻故，三返迴視！末次見其妻已升還天宮，華宮破毀，棄王獨自於此，呼號無路！孤兒反身，促其三軍，不數日而京師，登其王位。未一年，其妻胎孕沛臨，生一長子，裹任於大雨中，攜送孤兒大王。孤兒新王聞嬰兒哭聲，令隨者往外覓尋，終無踪影，蓋王聞哭聲，而他人未聞故也。於是王提燈往視，尋至宮後，見嬰孩裹袱於地，拾抱而回，啟裹視視之，乃一俊美之嬰兒，並有書函一封，展讀之下，見其文曰：夫君台鑒：逕啟者，一世姻緣，生夫一子，還雨代寄，仰為哂收！慎重保養，共樂家庭，來日方長！特此順頌，文安。陰府小女謹上。孤兒大王誦畢函文，甚益悉其由，即時訪尋乳母以養其子。此子係天女所生，如是人可比，每日長速五，每日長速二寸半。未一歲，已能入塾讀書矣。天資聰穎，愈於世之神童數倍。三年之學，貫通天地。不至十歲，業已成人。遂辭文登梯達天，省迎其母。然不識母，不知外公之家於何。故登天一路訪問。於旅宿，有詳語曰：汝明日在此候，汝母來矣。汝見三婦來時，前者騎鵝，後者騎鴨，中者騎雞，騎鴨者即汝之母焉！汝趨握其手，連呼母母！其必認汝為孤

兒大王之子，聞之喜甚！。翌日未曉，便出候之，至巳時，二婦出遊，復趨握騎鴨者曰：母！母！我必與爾去！我來此候母！迎母！其母不承曰：吾不知汝為誰？吾未識汝，汝非吾子也！然而孤兒大王之子，泣隨之不捨！大姨曰：妹歟！汝至世成婚，汝生一子豈忘之耶！如是之泣隨不捨，恐真汝子歟！於是其母反問曰：汝真吾子乎？果真吾子，隨吾來。迨及外公家，外公不認，且不容迎其母回塵，孤兒大王怒而踢激天梯，天梯墜地，被神人祖見之！霹靂大閃，欲擊死陰府大王。陰府懼而准之，第令將梯遞搭元處。孤兒大王之子，喜出望外，腰掛天而足鉤梯，搭於原處攜母返塵。低地休息吸煙，不留意而蹬去天梯，斷絕天路，自此人神不能往來矣。將入父城時，砲車轉動天，震倒塔桯無數！。其父驚之！命元帥統軍出視，惟見母子二人，襤褸於郊外，回而報之，大王不信，親出視察，果見母子二人於城腳煮粥食之，母用碗盛粥遞與大王，曰：王不嫌而食之，王接用箸翻視，遂得一紙：紙有文曰：妾與汝子，茲已歸回，大王不嫌，請迎入宮。大王閱畢，不語而歸，速備

獨一之英勇

橋迎接入宮，一家喜樂不盡形容矣。語云：孤兒大王之子，成為當世獨一之英勇：創出橫暴之世界，神人祖大怒！降洪水滅之云。看創六章一至四節

陰府惡習

陰府大王原係大龍古蛇，即撒但魔鬼也。其原罪乃殺人騙謊，故其子女無不習染

騙謊陷人，使廉甲敗家亡室，游江而終，有仁者莫不之慘矣。後其外孫，習其橫暴
操技殺人，釀成洪水之患，亦後世無不嗟嗟而憾之。願諸君子，遠陰王而慎其誡，是至幸也。

洪水故事

相傳洪水氾時，有趙有趙亞弟兄二人，皆之耕墾荒地。至夜深，神人祖手持長杖，
將坭餅翻原成荒。次日弟兄二人見而重耕之，至三日往視，仍亦如斯之翻原矣。弟兄
奇而約曰：今夜吾二同往其守，究竟誰為。守至夜半，神人祖白髮白鬚，手持長杖翻
覆坭餅。趙有大怒！欲執而鞭撻之，弟趙亞曰：兄不可忘動行惡，待吾詳問其
緣由而已矣。神人祖曰：爾弟兄不必徒勞而耕矣，耕之亦不得食矣。因人橫暴，
洪水欲滅之。汝弟兄速迴製鼓以避洪水。令趙有製鐵鼓，因其性硬若鐵；令趙亞
製梧桐鼓，因其虛心如無梧桐也。二人奉令，各告成鼓，屆朝，神人祖臨凡，令趙亞
與妹，入梧桐鼓，以避洪水。誥曰：兄執小刀，妹懷雞卵，迨卵孵雛，便將刀破鼓而出，
時洪水退而地乾矣。二人聞誥遵之。頃刻大雨如注，草木石岩，無處不暴發泉水，甚至
洪水泛濫於地，滅淨世人。趙亞與妹，見卵孵雛，急破鼓而出，視地面已一大變矣。
二人獨處新世，難免寂寞悶悶不樂。兼之火滅柴淹，將何以度生活。正慮間，忽見一
小鳥飛止於石，趙亞拔刃擊之，刃觸石而現火，二人喜甚，照法擊石而取火，覓柴
而引爐之。火烟騰天，神人祖見而樂之，降而慰曰：汝倆放心，自今以往，吾不再用

洪水滅世矣，汝等見虹掛天，此不雨之確據也。將來人繁橫起，吾必委聖仙下

兄妹成婚

凡，訓迪化世。茲爾兄妹，宜成家室，維持世務，養育子女，以繁殖於世。兄妹曰：兄妹成婚，乃逆倫理，是人之共恥也，誓死不為。神人祖使兄負上磨，妹負下磨，自溝二面滾之，上下磨至溝，合配如置然。二人仍疑不定，神人祖再令兄執線，妹執針，

姓氏的根由

自山二面擲之，仍值而穿之。經此二試，方成夫妻，然則久不生育。一日妹忽掉胎，視之乃一血團未分而隨墮之胎也，遂棄於外，被豬撕破碎之，妹不忍視其血肉踐踏，即收出野四撒之。有掛於李樹者有掛於樟樹者，有掛於桃樹者，有掛於楊樹者，有掛於栢樹者，有掛於梅樹者，甚至有落於園地者，有落於屋宅者，有落於豬羊馬牛院者。次日兄妹出遊，見李樹有戶，樟樹有戶，桃樹有戶，楊樹有戶，栢樹有戶，梅樹有戶，林中亦有戶，甚至撒完之處亦有戶。返時又見園地也有戶，屋宅也有戶，豬羊牛馬院，皆無不有戶矣。於是住李樹者姓李，住樟樹者姓張，住桃樹者姓陶，住楊柳樹者，姓楊或姓劉，住栢樹者姓栢，住梅樹者姓梅，住林中者姓林，住撒完之處者姓王，住園地者，姓袁，住豬羊牛馬院者，姓朱陽牛馬也。由一肉而撒成一大樹，且各有異姓者，皆神人祖，不紊人倫而致之也。自此異姓與異姓聯婚，家族與家族親穿，成為東亞永久不破之習俗也。有詩歌曰

惡魔播生横暴世　流血漂魯慘無盡　人正頑皮洪水來　洗滌前污易新世
留著兄妹兩善人　血肉散户蒲凡塵　分别姓氏重人道　愛護宗族遵人倫
神人之祖當敬重　遵善行道聽其用　聖仙下凡為我來　備好新世接我去
從此陰門即永閉　不再陷入其死弊　隨聖享天千禧福　待賞新世其中義

善惡有報，言之不謬。趙有肆其性，縱其氣，而發其惡，而致與世同亡；趙亞能忍大節，寬洪度量，昭其美善，得遺為新世之祖，豈不榮於萬世耶。

第二章　洪水後之遷徙

究遷徙的故事

夫我苗族，自古皆好遷徙。雖無詳據可考，然而亦有遺傳可究。知其忽南忽北忽東忽西，於數千年之內，不知其遷移無數處矣。

相傳古時，現有七日七月，照耀天中，酷熱之極。澗溪絕源，江河盡消，土地焦裂，草木枯槁，人民炎烈難受。惟有楊亞江濱之桑一株，尚存無槁，楊亞伐而製衣弩，以之射日月，除其酷熱之害。未幾，射除六日六月，存之一月一日，以照天下，其熱度方減而氣候方和。殊知所存之日月，畏懼而躲匿之，以致全地黑暗無光。當彼之時，耕宜用燈，行宜用燈，居宜用燈，燈之需用，一日一時不可少者也。人民如是之不便！不能不求日出！然人求之，日畏懼而不敢出。於是託野獸呼求，野獸之王者獅也，故師首先呼之，獅之

咆哮驚天動地，日尤驚懼不敢出！而後再託家畜呼之，家畜之首者牛也，牛呼聲最大，日仍不敢出！人無法可想！只得請雄雞代呼，雄雞拍翅三呼而日出！日喜雄雞呼聲清亮，賜之紅冠，自此雞即為呼日之家禽云

此事之傳說苗族信為事實，然據吾觀之，必遷徙之變更也。蓋人居此，則日出於河之上域，遷彼則日反出於河之下域矣。人居此則日出於山後，遷彼，則日出於山前矣。遷移七次，則現日之七矣。其不究山川之轉折，地勢之所致，乃誤認曰有七日也。遷至黃道，日直射而酷烈之，必曰非怪如是之酷熱，見天已有七日之發現矣。漸遷於寒道，半年不見日光，則曰怪暘亞射驚而避匿耳。然後轉移於溫道，氣候溫和，則曰幸有雞喚出一日一月，故其熱度溫和矣。由此觀之，此故事之說，信為遷移所得之遺傳也。

述遷徙的事實

由之究其遷徙，則知先遷於南，遇酷熱而轉於北，遊獵而漸達北極。於北極經其半年不明，冰雪不化之世界。由此漸折東南，而居於直民隸之地（即今之河北察哈爾綏遠熱河四省之交境），失此而遷紅江（即今之河北河南之黃河兩岸），由紅江而居桃花城（即今洛陽縣），又由桃花城而遷荊蘇平原（即今之湖北荊山荊州等地），自此南遷硐庭（即今之硐庭湖），由硐庭沿皖江而奔香樟堤（即今之貴州苗嶺），自此隨公主移居烏撒（即今

貴州威寧〕由烏撒而分居烏蒙〔即今雲南迤東昭通等地〕於是居烏撒者曰𥜽𥜽，居烏蒙者曰𥜽白。此皆順其土司稱號而名之。斯其遷徙之大略也。

苗族無人和

第三章　苗族失敗之原因

苗族據有直民隸地，都犛六，北自獨石口連延殺虎口，南自居庸関蜿延雁門関，皆天然一大城垣，山峭路險，有愈越耶，雖有翅亦難飛越也。奄有九州之地，聯合九族之衆，執握中原之牛耳，佔據北口之要隘，天勢之强，地利之富，皆苗族共有之也。兼之男耕女織，幼教壯獵，成為自然之習慣。上及君主，下至庶民，無不自勞自動，習之養良。是故衣食住行，莫不豐裕美善。只因平等過甚，自由過範，任其狂妄貪欲無所羈，綱法違令無所束。由是而有叛君逆父，不忠不孝，種種現像焉。稍有智者，必自霸為首，稍成人者，必離父為長。國家遇難，竟罪君；家室困乏，歸咎於父。如是之弊，乃亡國之兆，是不疑矣。

苗族的失敗

西歷前2697
民前4608

方犛六之役，北有獨石口殺虎口之險要可守，張家口為衝鋒殺敵之路，得勝口為應敵接襲之門。殺張家將之殺敵，十矢弩之發中，節節得勝，有熊大軍，莫不喪胆而敗逃也。相傳一弩而倒七排，一劍而戳二戟，黃帝雖知智勇，量亦窮韜而無略矣。無如戰爭連年不息，飢饉頻發，民心離散，失人和之自衛，喪田勇之自强，☐，順其不能忍飢

耐勞，而甘為牛馬奴隸亦不恥矣。於是發厭言於上曰：怪其楊君張將不願降敵，而據如是之兵荒。楊張之願死，其自就死，奚强我之與死乎！去矣！去矣！待楊君張將獨(自)就死，楊免張免自受雨露之濕，日烈之曝而足矣！何苦依依而(之)受死乎！又曰：如上不降不和，則吾等另立領袖，以便降和而免死亡。於是另選二男二女，皆無經驗，無胆量之少年，備之降敵。以蚩尤勞見民心如此之倒退，又如是之離散，知不能長期久戰，不得已而求和於有熊，任其如何要求，亦無所辭。於是有熊，詭詭祟祟，而定入境通商之盟約。有苗等疑為千固萬妥，外無防，內無備，各謀生活而安太平，醉酒荒淫，笙舞狂鬧，於不意之間，外攻內應，任其有天大之勇，神仙之靈，(亦)無法救濟矣。惟有各逃生命為上策。是時也！有熊大軍，入閩圍剿，東衝西突，無法脫險，君王被擒，人民急着，計由心生，顛履着逃，由居庸奔出，向南逃命，黃帝查知履跡向北，疑為北竄，揮軍力追，而致迷路不能返。幸有指南車引之旋迴。嗚乎！此計！亦天留矣。不然，盡誅無餘耳。

亡國的感慨

嗣後國亡，方念及其君之德，其帥之功，嘆曰：我君王在，我國不亡！我聽帥令，我免逃亡！茲者：土為人土！家為人家！美邑為人有！美屋為人住！獨我何所往！泣曰：有熊！有熊！汝真狠毒！殺我之君，如牛觳觫！嗚呼噫嘻！哀惜發怨有何益耶！茲有國者，宜以為前車之鑒也。

遷居荊楚

相傳苗族，自敗亡逃，散居紅江兩岸，而據有桃花之平原。及堯為天子，九族親睦，萬國共服，惟張楊李三苗，意欲恢復，不願臣服。於是大舜征伐於三危，勢不能支，逃入荊蠻，住於荊蘇平原，聯與三家與楚。故苗族于楚亡及屈原之紀念日，皆樂守不忘，每五月五，必有晏瘋節，意謂屈原愛國，瘋癲落水，當紀念不亡而名之也。及三家與而滅秦，漢王背約而滅楚，亦深獲一故，成為諺語曰：石不可為枕，漢不可為友。由是可知苗與楚之感情，亦非淺鮮矣。

洞庭之役的始末

由瀾而漸遷洞庭。至宋時，有么亏元勞者，奉漢族請就庖廚，殺牛祭祀，因心焦鍋而不見，漢族誣為其子竊食，剖腹究驗，未見一肉，然後肉盡，方見焦之鍋底。么亏元勞受此冤曲，實不能忍，誓與獨生子復仇雪恥。於是舉兵擾宋，數載不息。此次之兵，緣報私仇，蓋響應者無幾希，然則陷累族眾亦不乏人矣。傳言么亏元勞之能支持者，全賴龍心之助，勝則侵犯漢族，敗則退匿湖中，其持龍心泅水猶趨陸地然，宋軍往往不勝。於是宋帝遣岳飛征之。岳飛大軍至，見其湖中之靈敏，無法取捷，暫止假和，於不意之間，用詐騙么亏元勞之女，以牛心易得龍心，然後出兵圍攻，牛心泳水不靈，遂堅守島中不戰。岳飛令搭木於湖叒州，大軍登島而擒之，不力而剿滅矣。因一牛心而喪其子，又因一龍心而喪其命，逐其族。故子孫

永遠禁心不食，以為傷慘之紀念也。

遷居滇黔

因緣此役，其族受驅，沿沅江而入黔境，居於香樟坝之苗嶺。承蒙該土司厚待，賜地與之耕種，每年納酸楊核一斗。經百餘年，無處取納，聞該土司之公主，出嫁與烏撒土司，趁隨移居烏撒。小花苗仍留該處，號為図宏，遷烏撒之大花苗者，則為図崇。由是分為二支，而漸疏絕往來矣。

後有遷居烏蒙地者為図𠂎，仍留烏撒住者為図幺，此皆因其地名而號其稱者也。

苗族別分的原因

夫苗族之原屬有苗之宗，一族之本，決無所分。不過當時之居處各異，居舉六京鐵者曰図崇，其所任者政治軍役，散居直民隷地者曰図直，其所任者，納糧助餉也。然後図崇者，力持其本族之語，崇與漢族交際，故其原語本音，風俗習慣，一無所失。惟彼図直則與漢族往來，故其原有之語言風俗，失之其半矣。因語言漸遠而微異，風俗漸習而遷易，則演繹為二族矣。然後各鄉之風俗，衣裝之扒畀，種種原因之辨別而成數種也。茲為民族自決之時期，民族團結之亟需。願為苗族者，反復為一，以輔國族而建大廈，是所至望耳。有詩曰

不忠不孝亡國奴　逆父逆天願為奴

漂流四千六百載　奔蒲中原徒碌碌

十磨九難已受盡　天之不滅來改進

奉承國府來扶植　一体團結向前進

第四章　土目待遇苗族之感慨

土目的制度自苗族遷居烏撒烏蒙之地以來，任其開墾耕種，多寡不論，均納小米糧一斗而矣。當彼之時，雖雜於蠻夷之内，盜匪之間，往往受其拐販之害，然其土司，深有自由之待遇也。然後罕葉生平息烏蒙，清帝改封其家奴為小土目而罷，則地土又一大改變矣。凡昔之佃民，必由之安押加租。於是乎有羊租地者，雞租地者，更有為馬種地，力租地，服役地，等等名詞。每隻羊地，即為一脚，每隻雞地亦為一脚。每一脚，安押十兩，租一石，給據券者少，無據券者多。每村設立苗首二人，謂曰六台戶六巴，漢語曰鄉老目者納。又設立麻卧木戶，總理衆村，漢語曰總頭人。每村又有其親信家僕一人鎮守，曰村頭人。土目署：有門上，有管事，有師爺，有跑差等人。村中發現民事或刑事，與口角等案件，必先報六台戶六巴，由該二人携至村頭人，由村頭人入通門上，門上禀報土目老爺，經老爺批准，然後委之總頭人或村頭人等和解，如事不能解決，方轉至土目老爺分諮。至此則完全解決矣，萬無再興至政府等情。如敢有不服者，必逐之出境，故民見之，若鼠之見貓似也。會見土目時，必跪伏于地，尊呼在上老爺！小的原係老爺之奴僕，肥為老爺之羊，瘦乃老爺之狗，求老爺施恩救護，等等卑詞，方能討其歡欣招留！茲雖民國，解脫專制，删除苛刻，

而土目益加苛酷！以致民之塗炭，不可設想矣。

土目佃苗，日最多者，當推㝵諾土目為第一。屬其治下之古村，共計四十八寨，每寨皆三十餘戶，新有村戶，尚未列如者，亦不知凡幾。總據有鰲良金屬之苗民矣。初為該佃苗之總頭人者，銅廠溝之朱目者納兼任，次為樹木柯王鄉老兼任，再次則箕貧寨李園統兼任也。

㝵諾的異
强

當㝵諾土目，初受封時，一切租糧制度，仍從為營土司之陳例。及羅祖節時，有仲族不服，興訟入省，該土目購煙盒煙鍋，贈諸佃苗，購衣一件，以贈之總頭人，曰：因興訟用資已鉅，無法設想！請求佃苗助之。於是攤與每腳地，助銀十兩，租一石。又昔之小米糧，及雞祖刀祖等，則照舊清納。令每村替其耕種地一塊，以盡服役之務。另有大小派，隨時呼應。每年九月三十夜，為祭祖之節，鄉老目者納必清收雞祖刀祖，備燒酒甜酒各一斛，率領村衆，赴其署守節。鄉老目者納繳雞刀祖後，則持備有之酒，跪伏土目前，將酒呈上。土目奠祭後，轉賜酒一角飲之。禮畢方起立退出，發米肉與村民共宴。每村各咸集其村頭人，狂呼痛飲，過一夜之樂。天明則各返其家。其村頭人之手糧，則每戶納穀一斗，雞一隻。此㝵諾土目治理佃苗之大畧也。其餘土目，亦與㝵諾大同小異，

故不再舉而論矣。

苗族受土目之愚

土目待遇佃苗，如其家奴然。而佃苗者，亦依之若家主。其佃與苗民之地，雖其子孫永遠耕種，不得遷易。故此任其加押及數千兩，皆無契券，信其為數百代不易之石，不寧用券，亦無懼焉！且信土目騙言曰：契券爲有吾之坐簿穩固乎。列如茲之銅廠溝上下兩村地業，已加及七千兩，該土目毫厘不認，佃苗無之奈何！

苗族養虎為患之悲慘

當太平天國興後，李管爺繼之後，漢大張滅夷！一切土目竟賴佃苗救護。列如曼諸土目，幸賴發路亨朱鄉老（羅七老爺者）藏之於硐，隱之於家，不敢絲毫泄漏，而被害也。及至清軍獲勝，漢勢漸消，其家僕余姓，方迎之而歸。雖然得救無恙，而莊業券照盡為龍㙡祿土目竊霸，幸有銅廠溝朱姓者納助資一百五十兩，與訟入省，方得反復其莊業。而有今日之榮富威權也。不然早皆滅沒矣。惜哉天下均以德報德，獨曼諸以德報怨，竟將朱姓子孫，逐出七戶，撥地另佃。悲夫！朱姓！養虎為患，傷心慘目，有愈是耶。

又有裸巳土目，全幸海跨山苗本戶，易為苗童，日與牧牲，避免亂害。苗民共同獵獲麞麂，二十七個，用以贖還其莊業，共輔為主。乞今家身富裕，忘恩負義，上下皆逼佃苗異行。嗚呼苗族之苦至矣。

尚有洮處土目，幸特核桃平張六合，救出漢危，慈己置之腦後，勒索佃苗鉅款用以肥己。雖不若夏諸裸己之苛虐，然則佃苗亦極矣

棱夏恩澤土目待遇佃苗之特殊者，唯棱夏也。相傳棱夏土目，所嗣之業者，先為苗族於民之可嘉所有。其緣係洛才河，有姓王者，於罕蒙生平烏蒙時，助之有功，承清帝，賞之山照，封之業土，使其子孫世襲收租供養。維王姓從軍未回，遺有妻二子，子甚幼，不能維持家務。每年納粮服稅，妻自往返繳納，如是數載，不耐連累，遂託棱夏代納之。而後為棱夏所嗣有，然則其嗣苗族之業，而待佃苗者亦較之特殊。蓋其加重租押，減輕服役，刪除苛派，立契約券，使歷代亦有可考。願則住，不願則行，亦可領得押銀。其待佃苗也！如主客之平等，決不以奴隸之看待，不第阻止佃苗之進化，而且力扶佃苗之讀書，提倡民權，以重人道！其有如是恩德，施與佃苗，然而天戰之緩和，亦不淺焉。於近年來，其能靖定鎮雄，施澤閭里，聞名於時。又其公子遊外，能服中央大學之校職，功報於國，澤施於民，非善修之效！而能有如斯之榮乎！

第五章　苗族著名之人物

苗族自遷移滇黔，入南夷之境，屬治於夷族之下，凡事依賴，不甚聞著名譽無考

者也。間有如海跨山之楊姓，洛才河之王姓，雖為清帝平夷之功將，然而已被漢化，而不得詳史以稽考矣。茲將知者，畧記而誌之。

馬登科家

苗族家身最大者，惟貴州大定之馬登科而已矣。言其佃民有数萬戶。

陶七大王家

其次為雲南鎮雄之陶七大王，其赴京師而還，得清賞其朝衣朝冠，故於鎮雄川邊，為清季時，著名之一人也。

韓苗子家

又其次者，即麥子塻之韓苗子也。其丟刀落業，得有麥子塻之地。不幸經遇凶年，求羅於夏諾土目，反為夏諾霸吞其產。呈報彝良縣，鎮雄州，昭通府，雲南省，所至皆受其受賄貪官，不究訊情理，執拘獄中，既受陷溺不釋者，弟兄五人。韓大無奈，只得興訟奏京，候三年，方得訊案。其訊判之法，將韓大與無数人，被臥一室，引韓小至，曰：汝尋獲汝兄，則知汝弟兄受冤屈矣。韓小無處可尋，胡右一拍，正拍於其兄，兄由臥群中起立。判臣曰：汝弟兄受冤不虛矣。判曰：汝之田疇歸還汝矣。於是賞與金頂銀瓮，由京回里，至雲南省，釋省拘獄之二弟，則瘦弱難步，敷補金銀與之返家。至昭通鎮雄彝良拘囚者，無不敷補金銀，凡一切貪官污吏者，莫不罵韓苗子害死人也。此次京訟而還，不第灰復田疇，且為一時之榮譽也。

岑公保 武功最著者，惟閬川南之岑公寶，響應曾國番，平息滇黔之亂，得清政府委任雲貴總督，為堂堂數十年之大員也。

陶千夫長 其次為川南永寧之陶千夫長，統率六縣苗民，平靖滇川交境，剿匪有功，得清政府，賜六品頂戴，亦一時之威風也。

楊姓弟兄 於清同治年間，黔西水城，有小花苗姓楊者弟兄二人，率領苗族餘，攻破威寧，殲滅彝良，屠殺漢族無數，為當時鎗術之第一，至昭通而返迴鄉里，霸朝守二平原，為其所有云。

偽仙祖母 同時大花苗中，出有偽仙者，號為聖仙祖母。一者住佔彝良之龍頭山，一者住佔威昭交界之薄刀嶺。專以宣滅回為標號「蓋當時適值回族擾滇」，誘引千餘參截攻回族，大獲勝利，搶馬百餘匹，牽旋村寨，盡力宣傳聖仙祖顯威，惑誘無數男女童兒，會集於薄刀嶺，共約三千餘人，大舉征伐，出發往昭通，至中途，將一豚活剮分食，謂食回肉云。至昭城壩，與回對陣，將一合，苗將一弩而仲其練頭，由馬滾下，繼後一弩，旗竿斬斷，該回族大驚曰：仙苗難禦，反身便跑，苗族追殺十餘里。回族覺見苗族攜兵器者少，轉恃邪術隨後者衆，又大半皆幼弱女子，於是回鋒抵觸「苗族」

苗族敗退，被囘族圍困於小老堡，假與苗族將校議和，騙出殺盡，所餘軍旅，衝圍而出，返至薄刀嶺，為聖仙祖母主謀者，不容軍旅散逃，逼衆返救解圍；然而其衆不應，解散而歸矣。是役也！誘死千餘女童，男童亦死數百。悲夫魔王，好戰愛死！誘死世人，流血漂櫓，父子離散，夫婦同亡，基督不忍世之死亡，捐命換世，以圖永生，大勝死亡，而捕執魔王，限期除滅，不亦宜乎。凡主召者，自斯以往，不可再隨其誘，自蹈入坑，是至幸也。

第六章　苗族之遺風

苗族之固質不化

苗族是於中原，居漢之先。與漢往來，約五千年之久。亡國已四千六百餘年矣。死心不降，失此還彼，漂流無定，成為無產之民族。衣食自備，器用自成，簞食瓢飲，雖粗魯，亦不怨。拘守陳法而不改，習染漢夷而不化，可謂堅結純粹之民族也。

苗族三神

苗族之祭神，尊以祖神為重；其次則門神山神而矣。其祭神之禮，不第異於漢夷，而各姓亦有所不同也。其祭分大祭小祭之別。大祭者，以牛獻之，一世限祭三次，不得超越規定，首次獻牛十三頭，二次

大祭祖神

獻牛五頭，三次獻牛七頭。微有殘者，不宜獻之。祭時有三月者，有七日者。其祭祀之要人，共分十四組：一為長老，二為祭司，三為樂師，四為鼓師，五為歌師，六為總管，七為掌祭，八為廚司，九為燈司，十為屠宰，十一為樹牛，十二為割肩，十三為洗腳，十四為隊陣。派定之後，各循其職，不得紊亂之也。長老則分上中下，各有特殊位置，居上位者，必善和解，訓導，深有經驗，方能勝任，故宜選擇居之。猶設守望者一人，以防拒邪惡陰毒。此人必有高尚巫術，方能勝任。其餘若祭司、樂師、鼓師、歌師等等，均有世襲之責。掌祭者，必由長房充當。廚司者，必由姑婿充任，燈司者，必由姨夫充任。屠宰者，必由廚司派充。樹牛者，即刺牛也，宜有豪勇過人方能勝任。割肩者，舅母舅充任。洗腳者，姿媳充任。隊陣者，長子充任。擊手牛場，必設於屋前之東面。首日下午，必先排隊擺陣於擊牛場，本主長子當先，叔伯長子繼後，暨宗族與獻祭歌，凡來賓者，皆隨之排隊，三匝而後已。安姓則當先者騎馬，（朱姓則以鼠肉給隊長之）其他皆大同小異。晚上，先由祭司（起立）求長老訓詞曰：祭司由直民隸來雞曰祭司通曉其實，祭司有所不知者，請在上長老訓之迪之。長老應曰：祭司通之曉之，祝爾明之。言畢

祭司開始獻鼓，鼓師起立，如祭司請求長老訓詞，然而後方就任，開振擊手鼓，樂師亦如是遵請，方就任吹笙，與鼓師相和，然後歌師亦起立，如規遵請長老訓迪，則就職應和鼓樂，亦首領開動，遞與助領等，繼行吹舞禮畢，方由來賓應和，二夜不息之鼓樂歌奏。祭樂鼓歌等師各就其職後，由主母率領兒媳，行洗腳禮，樂師吹洗腳樂，歌師領羣衆唱洗足歌。燈司必分派四朋，一隅必任一朋，循更次輪流照亮，終夜不熄，亦宜唱燈歌。次日黎明，樹牛者必劫牛樹以藏之，巡捕者四處搜尋，擒捕劫匪之首領，匪首最勇，一躍而飛似之奔去，無人能擒，然後羣衆包圍捕之，擒住首匪，追繳牛樹，樹之於庭前。正午，屠宰班牽牛入場，祭司持卦，長祭持衣裙，樂師持笙入場行祭。祭司念祭詞丟卦，長祭搖衣裙［祭男祖搖衣 祭女祖搖裙］，樂師站立奏樂。獻祭禮畢，屠擊手等用斧頭擊牛，牛而倒，方宰剝之。然後由母舅分派其人割牛肩包，樂司奏樂討肉。［李姓則擊手猪擊手雞各一羣］，樹牛樹於［擊手］牛場內，員鼓掛於牛場中，以小米餈巴擲於牛場，與來賓爭食之。事畢，歌師即領歌隊研削牛樹，且研且唱，研畢唱畢。樂師即率其樂隊，奔跑跳舞，且吹且踢，必踢倒掛鼓柱，方領隊歸回。衆皆三日散會，惟安姓必祭七日方散會也。

小祭祖神　小祭之禮，則各祭不同，朱陶二姓，則以雎犬，獻於標樹之下，為祭司念祭詞者朱姓，牽犬屠擊者則陶姓。必先於庭院，以草索拒斷口舌，同族牽引而過，然後牽犬入林，由祭司念詞，陶姓擊犬，祭司抹血插於樹下，搭祭壇於樹之上面，祭司以腿祭之，然後同族大小共食，惟婦女不得入視也。夜歸則獻之以雞，其雞由族中補祭，凡有家族之祖者，必念及三代以祭之。其他姓者，大概以豬為祭禮，有用祭司念祭詞，然後祭之，有為虎狼拖食而祭之。惟張張姓則吹簫擊鼓與祭之。衆皆以母為祭，惟安姓以牝祭之。

祭門神　門神之設於房側之東。不需木板，皆以竹編之。既設之後，不得毀壞。每換時，必宰小豚，當夜宰殺，滌水糞污，皆不能携棄於外。心一類食盡，不能餘至明日。力禁漢語，切不犯言。僅於家族食之，外姓不得參加。聞楊姓女子，亦不與之食云。祭獻必由家長組組，以木盌七組或十四組不等此獻門之禮也

祭山神　山神大多設於村後。自許願後，必禁研伐芻蕘。苟不意而犯之，則村人必死十之七八。其靈威凶猛，赫赫不可犯。每年由村人以雄雞共獻之。

噫！魔王之凶暴，不堪忍受矣。其有者，曷不迅速推倒哉

婚姻之禮　苗族婚姻之餘風，異於漢夷遠矣。其聯婚，有由父母聘定者；有由自由擇婚。父母聘婚者，不必搶之。自由擇婚者，必先搶而後請媒。禮物則無異。大概先娶而後付禮；其禮專以牲畜為定例。先付者媒布；白苗則先付酒肉禮。其成婚時，不拜天地，不敬祖神，便列陣奏樂和歌而已矣。待生育兒女，再照例取禮；其禮物有價禮，有敬禮，有舅禮三種。其出閣回門之禮，為往來交情之禮，故不列入正禮也。

新婦的禁戒　新婦之於家，不登樓，不經神堂，坐另有凳，食另有碗；不得與公婆潽用也。其青頭必留之生育，收而髻之。

苗族的善風　苗族之善風，即女子必習負水紡織；男子宜習耕地編鞋。如為女子，不知負水紡織，則無人娶之矣。最拒其為盜為乞，有痲瘋者。故有諺曰：盜竊之女不可娶；痲瘋之家不可親，其斯之謂也。

不染漢夷　苗族於漢夷中，雜處已有年所；不習漢夷之祭偶像，燒香化紙，求仙拜佛；買妻妾，買奴隸，搶殺偷盜，貪賭詭騙等等惡習；更不忍為最恥之乞丐。亦苗族之特長也。

苗族敗風　其最賤而不知恥者，即花房柳行，男女賽歌，好酒淫色。此等醜行，不但

有害於風俗，亦有碍於人種之繁殖也，幸有基督之恩德，化而改進之，亦千萬之幸也。有詩曰

苗族祭神獨祭祖，門神山神供為主，
拒漢拒夷不染習，專以苗語為神書。
四千餘年隱入山，風俗雖壞迷不深，
一旦豁得主開德，滌習去染改維新。

第七章　花苗被贖之禧年

苗族失文的緣起

苗族黑暗，歷有四千六百餘年，所有文字文物，悉成衣裙花文之裝飾矣。列如花衣上之糟字「卅」、「蕨」字「韭」裙上之丁字、一字、工字、點字「◇」、「蛙」「卅」字等，何嘗不是文字乎。其所以不適用於文字，而專以用為裝飾之花紋者，疑為不復有國，不復適用於公文，男子肄習亦無益，不如女子諳習，繡紋而披戴之，以紀念亡國之慘狀而矣。由灰心而不適用文字，由文字滅而文物倒退，日愚於日，而墮落於萬族之下。其不滅而希遺者，亦天之慈憐而存之也。

苗族為中國前車之鑒

故孫總理曰：中國非以三民，團結民族，擴張民權，實行民生，養育孤寡而加增人数，則必受西洋政治經濟人民，三大壓迫，無形而消滅之。如苗族之於中國，已斷絕血脈然。其言之確據，足為中國四万万之臨鑒戒也。然而苗族誠為中國前車之臨鑒，亦可為

苗族被贖

中國今日之模範焉。何歟？蓋苗族落伍於漢之後，已距若天壤之別，

民前八年

其贖期既到，天父開恩贖還，基督救光臨照，二日之間，歆然趨向之教，不問其陽教陰教，總信為救皇已至，爭先恐後之就教設學。方甲辰年間，不辭跋涉之勞，不懼千里之苦，峰擁成羣，趨安順，赴昭通，終日往來，絡繹不絕，以致漢夷，莫不驚動阻滯，散謠陷害，謂苗投洋賣國，放藥毒衆。於是受拘押者有之，受鞭笞者有之，加重處罰而驅逐者亦有之。

趨進文化

種種恐刑威之駭，終不能阻止其前進。翌年栢牧格理大興學校於石門坎，收入苗民子弟數百名。越五年而振興高小，選送成都華西大學，而繼有王牧樹德之培植，有流學漢口者，流學貴陽者，流學昆明者，流學南京者。於是由醫科大學卒業者有之，文科大學卒業者有之，政治大學卒業者有之，神學大學卒業者亦有之。中學卒業者數十，高小卒業者數百。甚致愚夫愚婦莫不識字，失學牧童莫不就夜習課，稍有知者，莫不充當村夜義務教員。三十年於茲，以有半化之啟效。其進化如是之速，非造化者

上帝左右世界的大權

之能，孰能為之乎。由是觀之，奚奇歐美四百餘年進化之新國家，壓倒五千餘年文化久存之古國乎。先儒云：順天者存，逆天者亡。可見天命靡

常由其左右，人不得循而順之也。聖經云：凡遵吾命者，吾必賜之權，使之制服列國，執鉄杖而擊碎之。今執鉄杖而粉粹天下者，非歐美而誰乎？就其所以然者，均自十五世紀衛立馬丁之改革而致之也。凡遵基督相愛樂施之訓誨者，天父無不扶之以駕其上。左右之能，易如反掌也。願我國各族同胞，不可為投洋教之賣國恥。自古及今之歷史，未見基督徒之賣國，惟見基督徒犧牲之救國也。基督犧牲其命，而灰復天國之永生，凡為其徒者，必效法其師，以灰復世國也。如洪秀全毅然不畏之爭持，孫總理勇然不退之全勝，豈有賣

賣國實據

國者哉。其賣國者，孔孟之徒也，若袁世凱之篡奪民國，康有為之灰復清帝，汪精衛之降日本，皆公名卓絕之大儒，而反為賣國賊民之罪魁。不怪其如是之顛覆，觀史見其師亦徒言一時而無見其效也。故宋儒之名義之徒一時之文論，國危而不知顧，國亡而不知救，此明証可指也。當此之中國，非趨向基督之救恩，別無法可可救。蓋基督有死而復生之權，信必能使中國由死復生無可疑矣。何以知乎？

苗族為中國復興之模範

汝視四千餘年血脈已斷絕之苗族，今得基督之靈氣，有由死而活之現像矣。如果中國致趨向基督，如彼得保羅等之堅忍耐勞，殺身成仁，人人抱有義務文化之責任，模範於苗民，吾意中國之不復活者，未之有也。故曰：苗族果為中國前車之鑒，亦為中國今日之模範，豈不宜也哉。

勸苗前往

自今以往，苗族贖回，既已脫蛹，不再復轉。益應前進，輩[我]華族，張我榮顯，創我新世，自是至貴異也。

第八章　苗族得道之初步

由安順得道

歲[年] 1903

歲在癸卯，孟冬之期，於貴州郎代縣懶龍橋村，有花苗張姓弟兄二人出外遊獵，前至安順，聞謠風四起，皆語苗族於安順城內設塾授課，其女衣裙，深似苗族，言之紛紛，難辨其真偽。於是二人入城視之，訪得福音堂，放胆入覲，黨牧居仁，問其來由，遂一一以告之，黨牧聞之喜甚，且見二人，身衣花衣，足着藤履，背負簑箬，殊覺奇異，怡然問曰：汝等能讀書否？二人曰：我苗族自無讀書，未知能否。黨牧試與讚美詩讀之，七日能終數篇，記憶清楚，牧師悅極，賜伊新名，長為雅各，次為約翰。二人歸還，授其村衆，聞之無不樂讀。村友相約十餘人，復至安順讀之。然後有來威寧ㄓㄨㄑ言之，聞者莫不欣欣然而響應之也。未幾，威寧彝良等苗族，絡繹不絕，趨往安順，認為苗族長兄，特來扶之讀[書]矣。黨牧視往者日衆，於是，謂曰：汝等往昭通如何？衆曰：不過三四百里而矣。黨牧於是繕薦書與ㄉㄨㄑ羅大以理王彼得，并葛布

轉薦昭通

張保等，持返昭通，送于栢牧格理。栢牧師閱信喜甚，曰：前二年吾經茅坪歌圣等地，遇汝等阿冥甚ㄉㄨ，問從者，曰：此苗人，愚暗之極，徒然訓

大鬧風潮

夏諾嚴禁阻止

棱夏寬洪不信

夏諾下毒手

栢牧解放苗族

之，枉費力而無效也。茲親覩訓誨，何嘗愚暗。於是屢待若親族，以勸世良
言贈之教之。因此一遭，傳佈全苗，忽然轉返向昭通求道，日往返數百人，絡繹
不絕。維時大鬧風潮，讒苗領取洋藥，四散毒衆。遂遭土目加嚴禁止，將
各村苗族領袖，束縛拘押，鞭撻拷問。尤烈者，夏諾土目，捕執首領六
人，即潑箕塞寨陶本李根，樹木科王慕，閔帝平汪孝，銅廠渃朱有敏，鐔
罐缶張考等，拘押七日，酷刑敲問，逼之具切結，不准再遣切據，如敢
甘違者，則抄家逐出不貸，等等嚴禁！獨有棱夏土目，寬洪不信，有
假用蒿草為毒藥，以之稟報棱夏土目，該土目嘗之而不見毒效，即將被
陷者釋之，反懲其誣告者。據言當時誣告最取利害者，即古林箐之張鄉老云。
不幸於甲辰之春，有夷族余故祖者，妄報於夏諾，謂銅廠渃朱日著納，
實行放毒，如不迅速驅逐，及有害逐之無益矣。土目信以為然，欲逐出朱姓，
朱姓着急，逃往昭通，將情報告栢牧，栢牧遣王保羅李司題文「昭通
秀才王遊東洋李」直接與土目交涉，解放苗族之壓迫。苗族大悅！咸集數千人於
銅廠渃，歡迎二位教士，人山人海，歡樂聆道。於是二位教士，招選苗族子弟

苗族初步讀書

十餘名，領入昭通讀書。即張約翰、朱多馬、朱腓力、王勝魔、李善、陶島、朱清主、基甸、張元才等是也。」然後又由威甯加入昭通讀書者，即楊雅各、朱獲得、王道源、王德道、王觀等是也。自斯之後，苗族放胆往來學道，稍獲自由無阻。

苗文字母之初創

栢牧師與李司題文為造就苗族之計畫，以一筆之字母編成苗文，用以訓練苗族子弟。」恐難記憶，遂以字母取學生之名，日呼而熟練字母，此亦先生善教之法也。故有名「己」者，即豹之意。諸同學見「來」，皆曰豹來！豹來！多名「者，深覺不雅，即至司題文先生前曰：我名「殊覺不雅，請先生易之，」

苗族學生之初得名

先生笑曰：茲汝名張約翰，最雅最美之名矣！此苗族學生初得名之一人也。然後方次第易名為楊雅各、朱彼得、朱多馬、朱腓力、王道源、王德道、王勝魔等新名。苗民學生初授之課，除苗文外，漢文則以真理便讀三字經為課本，一切用資皆栢牧公費。不覺一年已終，衆皆放假歸家，惟張約翰則依依不捨，逗留不歸，栢牧佳之！即約李司題文張約翰共同

苗文初出之一本

譯編花苗一書，此花苗文字初版之始出也。又繼繙花苗天歌，其初譯之首，

苗族初唱之一首

即耶穌愛我，我曉得，以筆書散全苗疆，衆皆歡欣樂唱，優雅可愛。此苗族學道初步之大畧也。

栢牧尋得石門地基

第九章　苗疆開工建堂之起始

（1904 民前八年）

甲辰年之冬，栢牧出遊苗疆，查其中心地點，以便建築會堂，而資教會之基礎；且週遊土目，以申苗民信道之情形，而免阻止之妨礙。此一遊也，查知石門坎，為苗族之中心，而石坭之建築，民磚之陶缶，無不便利，煤炭之充足，柴水之近便，無勝於此矣。後有高山，前有壁岩，左右皆溝澗包圍，雙龍抱柱，風景勝於此者亦無矣。又得洪處土目之歡迎，贈與地皮縱橫二百丈。誠為上主為苗族豫選之美基也。

開動建築（1905）

乙巳年栢牧週遊各村，宣傳捐資，苗族聞之，莫不踴躍樂捐，有應酬不暇之勢。鳩工集材，庶族攻之，不日成之，無不與之偕樂。漢有王保羅，苗有張約瑟晝夜不寢之工督，尚有張約翰不暇應酬之記賬，楊雅各、朱彼得披星戴月之運資。各盡其責，不敢怠惰一時也。

落成設校

會堂落成，宿舍并出，學校亦隨之開辦。任校職者李約瑟，學生驟然有百餘名。其中有王鄉義，年足五十，熱忱攻書，為眾苗族年長之領導，後易為王西拉，為苗族開工建築之一人也。又如張文、楊秀、楊支、王寶等，亦為當時錄用有名之人也。又有張義、潘邦，為當時有名之女執事

開初課程

開初發蒙，讀路加福音，講創世記與出埃及記。然後正式上課，則改用王亨通所著之蒙學捷進課本；此書真能補助兒童之識字，誠不愧為捷進之名也。

苗要漢名

苗族自古有漢姓而無漢名，故大小皆稱王大王二張大張二而已矣。栢牧見之，深不便呼。於是宣傳以取名字為美，苗衆聞之，莫不請求栢牧取名；然因不識字，易於忘卻，反復問之，牧師亦不能如許之詳記。於是命司題文先生繕寫簡字，散與苗衆，得義字者則名王義，得道字者則名張道；苟有忘卻，即將字與先生視之，則知其名矣。此栢牧與司題文善有機變賜名之法也。如是不數週而苗衆無不有新名矣。

黨於葛布開工

當此之時，黨牧亦於葛布開工建堂。遣青苗弟兄楊旗武先生為監督指導，熱忱訓誨；再得該村張保羅，竭力附助，不數月工竣，與石門坎對峙，成為威屬花苗之二總堂矣。惟黨牧不以栢牧發明之文字，為教授之基本，仍以漢文為校本，故唱詩禱告，多用漢語焉。

漢族職員

石門坎開工傳道之人物，漢族有王保羅李司題文鍾煥然劉中武吳旭初梁富成夏

回有馬才富等；專任學校者即李約瑟劉朕三郭明道等是

苗族職員

也。苗族始初訓練以充傳道職者（員），即楊雅各、朱彼得、張約翰、朱多馬、朱腓力、王道源、王德道、王勝魔、王卿義（即王西拉）、楊秀（即楊西面）、張文（即張馬太）、王實（即王基甸）、楊支（楊亞波羅）、王起頭（即王大衛）、朱約翰、朱党等。由熱心之執事補充傳道者，即張提多、吳平、張（王基）、約瑟、張猶士都、楊信、吳吉、張得救、蘇聖卿、王馬可、張科、汪孝、張元才、安永清、王約翰、王仁明、朱提、潘耀、朱葉、趙習、張梧也等（王才富）。由學生錄用補其不足者，即張新明、王英、蘇復興、（張文）王宗耀等是也。

葛布職員

葛布初任傳道者，皆苗族熱心之教友，即張保羅、羅但以理、王以西結、張馬可、王彼得、羅所羅巴伯、王以諾、陶約書亞等是也。最有胆略，有熱忱，善辯善交，而維持教会，護衛教友者，張保羅也。繼張保羅熱心維持者，陶約書亞也。此二人為葛部特色少有之人焉。

長米二堂

石部最先開拓之支堂者，即長海子、米咱溝二處也。長海子建堂地基，得擺迦土目樂送，深有感情之酬謝。惟米咱溝建堂地基，則晏諾土目，剛愎不允，以致與訟入貽通府，第因當時，領事有裁判權，土目不得已而應之。然心實不服，遂指使其爪牙朱團總，連糾匪類，反叛教會。幸先期事泄，李司題文函通彝良知縣，速行撲滅，事乃中止。然而該土目不能與教會

作對，遂誣陷米耳溝吳目者納，謂私贈地基與教會，於是執之私刑敲吊，處罰巨資，逼之照溝納，以前於政府情讓，毫不承認。嗚呼！土目真滅良心，剛愎若法老之無異焉。

繼建三堂　委任職員

長米二堂落成之後，繼續修築西居子、落布甲、天生橋三堂。於是栢牧先後委鍾夏渠三位，易任長海子校職兼傳道，王保羅於米耳溝監督建堂，李司提反傳道，張約翰助之，郭明道先生任校職，學生有百餘名。王西拉於西居子督工建堂，朱腓力任傳道，韓約任校職。朱彼得於湯鍋寨經理木料，兼建築落布甲堂。天生橋則附石門坎，委員監視之。石牧師駐佔石門坎，楊雅各附助傳道，繙譯苗文，每年二次，出巡視察。李約瑟專任總部教員，學生有百餘名。

分設支堂

然後由石門坎分設青樹林、海嗒山二堂。由長海子分設龍井、磷子河二堂。由米耳溝分設瓜居子、拖姑麥、蘆茅寨、落尾黑、桃樂弯、涼風埡五堂。由天生橋分設盧家營、坳冲、海枯、木曹箐等四堂。由西居子分設龍樹、白岩腳、山木林三堂。前後共建二十二堂，皆兼辦學校而重人才也。

灑布山得道 1906

丙午年有武定灑布山苗族，因染痲瘋症，聞昭通有黎醫生能診視，故至昭通視病。栢牧由之訪得武定之花苗，亦屬不少。於是栢牧由雲南親往武定，

郭牧請求

察其確實，欲開辦之。於是郭牧師　親臨石門坎，請求栢牧賜武定花苗

成辦　與之成辦。一切會務，由栢牧指揮，傳道教員由栢牧委派相助。栢牧喜甚而允之。於是派朱夕馬王道源王勝魔王西拉朱有原等，助郭牧開辦武定教會。然後輪流委派王基甸楊信楊亞波羅張科張約翰朱党張元才王仁明王約翰張新明王英朱約翰王武張約瑟安永清朱提等相易補助。未委朱排力連任七年而還。委郭明道為酒布山校長，楊榮輝為教員，成立高初二等。後繼楊榮輝職者王必信也。

酒布職員　由酒布山熱心教友舉任傳道者即馬愛福馬有福張怡福馬齊心張德道張有明龍鳳鳴王德美張信愛等是也。

酒布支堂　開設支堂有大箐、乾（填治了?）繁州、茂林鄉、旋凹塘、犬水井、牧養、餘嫌縣等九堂。因苗烟稀少而傳遍十縣矣。此苗族開工建堂之大畧也。

第十章　苗族之受魔鬼試探折磨

主會大與　未經三載，而教會普傳苗（花），且熱忱學道讀書，每禮洗數百，未幾已達數千教友。與者之使徒教會無二。然則其如是之昌盛，於上帝則喜之無限，於撒但則忿忿不樂。於是撒但圖謀間（計），與假先知引誘苗族。

假先知出　丁未年於乙巳月有女先知出，宣傳真道，唱歌或舞，謂申年申月申日。

申時，殺主復臨，殺其苦寒之子女，入天堂享安樂，有無限之福矣。設立門
徒，四散宣傳，勸人不必勞碌耕種，坐迨福樂云。維時於木𤅬亦有一童
女與起歌唱：勸衆待等主之福日。繼於彝良海梧，有韓海者，亦與
唱基督復臨歌曰：來兮來兮，大衆聽兮，天使唱歌優雅兮，基督復臨
光榮兮，接其兒女享福兮。自言其為男衆之指導云。經此等誘惑，無不
民國四年
坐待戊申之福樂，罷工休息，日聚唱歌，殊知至戊申年，申月申日申時，亦
不見基督之復臨，不但失望，而消盡家財，吃盡種粮，錯過農時而不濟，
以致被誘受飢受寒者，不甚枚舉。因此誘惑而棄真道回其舊轍者，亦不
民前一年
許其數。又於辛亥，於銅廠溝有陶出孝者，亦言得上帝之默示，使之治病誨人
勸人悔改云。於是傳集村人，宣講上帝慈憐之恩，其嘴不住念可憐二字。
其小姨原係瘸腿，於是召其岳父，跪於其前，逼之承罪，以得赦宥，而治癒其
小姨之足。其姨雖不善走，亦能行矣。自言曰：上帝必升高其尊榮，較孫文
袁世凱超越百倍云。故信從者，亦不乏人。然而未幾，心反冷淡，引人遠棄
上帝。以致人人輕藐真道，以為與古之聖仙祖無二，必誘我族自亡云。因
之灰心背主者真難屈指，自背主之後，再勸不復。嗚呼，魔鬼真詭
詐矣。

栢牧受難 魔王既如是之詭詐，如是之奸作，以致人於未料而被誘矣。然則終不能盡誘，總有十之七八堅信不疑。於是魔鬼，尋計陷害栢牧，以阻苗族學與之前途。於丁未年，栢牧出遊西居子，轉道勒米村。有夷族蘇黑寶與苗村王寨頭暗計，謀害栢牧。栢牧與同人等至夜半，聞砲連響三聲。栢牧曰：砲何之響音乎？寨頭騙曰：夷族祭祀，故響音之無可懼也。待至於不料間，黑寶統隊，圍困栢牧於王寨，無路可逃，任其擒之凌辱毆打，幾至亡故。隨者披星戴月，分途報信，朱彬力奔昭通知府，王西拉奔永善知縣。王馬可等候守栢牧。天曉日出，二處救兵已到，執捕蘇黑寶，定無期徒刑之罪。舁栢牧還昭療醫，幸天父不亡苗族，使栢牧甦醒，數月而痊癒矣。有報栢牧曰：王寨頭奸賊，理應與蘇黑寶共刑。栢牧衷然曰：天父赦吾罪，吾宜赦伊罪，獨罰蘇黑寶足矣。

會堂受燬 又明年有李金山由西居子起亂，持順清滅旗號，任意燒殺掠擄，將該福堂燒燬無餘，教友被劫一空。該教員韓約，欲奔逃回昭，不幸於洒漁河，被李匪之衆擒之，將欲殺之以獻旗，忽然昭通救兵已至，

救活韓約。嗚乎其不死亦間不容髮矣。此非上主之恩救，豈能若是之恰哉。

拒絕安息

是年憂諸土目，順其惡魔之縱性，強逼苗民不守安息，特於是日，加工勞作。如敢抗令者，必逐出其境。眾苗皆含淚忍受而從之。惟銅廠溝熱心愛主之朱題，不憚暴君之虐，直趨土目前，懇求免之，曰：可於暇日，補足其缺，至於主日不敢冒犯。土目不惟不允，而掌擊朱題之嘴，以致數日不能食飯飲水。是夜土目外出便溺，忽然一陣暴風，旋擊其嘴，大疾而歪之，數月皆不癒，然後請醫診治，用銀鉤正其嘴，久之方能復原。由此一舉，苗族微有自由守主日矣。主曰：復仇在我，誠哉斯言也。

教友受災

越三年，憂諸土目指使其爪牙，任縱敲打苗民。不幸於銅廠溝教友王心平者，賣著於簑衣街，被土目家奴趙六斤毆打逝世。此日朱青領眾運繳租納，土目以為不運柴而運租，反其令[illegible]。於是罰股三百，鞭足不能起行，同行者負之還家。朱王各哭其人，無之奈何。再三躊躇，惟有報告栢牧，能否施行拯救。栢牧聞之，惻隱大發，遣楊雅各披星戴月，往銅廠溝，觀察實情，具稟與良政府。知縣吳和屛受賄不理。栢牧轉

報省政府唐公，知事畏懼，方了和人命，逼土目繳出兇手，賠人命一百元現金，罰土目五百元入公，案方了結。然此一舉，已惹激土目之怨，積仇尤深矣。迨栢牧逝後，大行驅逐朱王二姓，悲夫朱王！棄祖宅園囿，逃無所逃，奔無所奔！上天無路！下地無門！含冤莫申！誠可憐矣！於是有朱層者，無所可歸，被其爪牙活毆而斃之，敘之慘目！言之傷心！淚珠汪汪！不盡其拭。惟望我天父，大發其恤，增慰拭之而已矣。有詩曰

基督原是除魔鬼，魔鬼終久不自悔，偏偏要與主對敵，
苦苦折磨主聖民。三次摔下的魔王，二次燬盡的夭亡，
受汝之害真不淺，吃汝之苦永難忘。含淚冤冤無人申，
禱聲香芬芳激主心；限期懲處日已近，我等忍受到時清。

第十一章　苗族大得主恩之扶植

栢牧回國　張牧替代

丁未之秋，栢牧身傷痊癒，擬定回國，託張道惠牧師，代理會務，改編傳道方式，列表輪流代領禮拜。日行路程，二百餘理，東西南北，分路代領，雖奔波之不息，然為主工者，亦無所厭也。

鄉村傳道

戊申年，張牧召集鄉村傳道員，加入服務者，共計七十餘名。最惜者，夭

皆農民，目不識丁，亦無訓練，間有難免其錯失，亦復不少。故張牧為之勞勞不息，亦不甚見其效。然而其師母善訓苗族，改善婦女之裝飾，為苗族婦女所敬重者也。

召四校賽考

己酉年栢牧復任。召集石門坎長海子米耳溝腰居子四校，咸聚石門坎考試。任石校教員李約瑟，任長校教員鍾煥然，任米校教員劉映三，任腰校教員吳開陽，皆睊睊而望，不知鹿死誰手。結果識字為米校第一，各科熱習，禮節肅整，皆推長校為第一。

鍾煥然為校長

鍾煥然功勛出衆，栢牧升為總校校長。選提各校優秀子弟，集於石門坎光華學校，成立高小，附設初級。建築高初各一所，寄宿八舍，大興教育。

傳道改委地点

易吳開陽於長校，李約瑟於腰校，劉映三仍任米校。委任朱腓力為長海子傳道員，朱多馬為天生橋傳道員，王大衛任腰居子傳道員，張約翰為米耳溝傳道員，朱彼得為羅布甲傳道員，張馬為西居子傳道員，吳平為爐茅寨傳道員，張提多為拖姑麥傳道員，朱約翰任龍井傳道員，張約瑟楊雅各王基殿三人任石門坎傳道員，其餘則分散各處，補助傳

繙譯苗文 道事務。楊雅各兼助栢牧，繙譯苗文，出版有花苗天歌、花苗頌主聖詩、花苗一二三書、聖經問答、馬可約翰二福音之單本。新約全書則栢牧給諸傳道者，分工繙譯，牧師校訂之。

另開教會 己酉庚戌年間，栢牧不第擴充學校，而亦大張傳道工作。遣派楊亞波羅張得救朱多馬王基甸王基吳吉等開辦尋甸縣果普族教會，設有大坰子、綠茵塘、矣且厙、濡冷、躲馬裹、黑山、啟海等七堂。又派朱光張猶士都等開拓苗教會，設有鎮雄、威信、珙縣、均寧、鹽津等五縣教會。每設支堂，必兼辦學校，培植人才為重要。

選生流學 1914 辛亥年栢牧促選王定安楊榮輝張仁王愛福等四名往北京流學，至半途聞革命風潮而返。越二年復選王定安楊滎蕙王愛福等三名入成都華西中學肄業。又明年繼選王快學王鳳鳴王霄漢三名同入成都華西中校。其未流學者，概充教員。

委派教員於本部 凡有支堂，莫不委派教員。於是委張仁朱朗清任石門坎初級教員。委王正信任女學教員。朱果成任長海子初級教員。委王英任米耳溝初級教員。委韓傑任青樹林初級教員。委馬武任天生橋初級教員。委朱嘉美任龍井初級教員。委王聰琵任腰居子初級教員。委陶敏政任爐茅寨初級教員。委吳永清任西居子初級教員。委王勤學任羅布

委派教員到外部

甲初級教員。委雒樹鳴任落尾塻初級教員。委楊錦方任拖姑麥初級教員。委羅沛然任龍樹初級教員。委王提摩太任核桃彎初級教員。委馬俊任磷子河初級教員。此石部初任教職之人員也。

委楊榮輝至武定撒布山補助郭明道任初級教員。委朱高成任尋甸大小井初級教員。委韓理源朱本仁王聯科張明張德明王安自忠等充任尋甸果普教會初級教員。委任張新明吳文廣陶明洋等任川苗初級教員。此委出外部初任教職之人員也。

全校集考

1915乙卯年冬，石部全體學校，齊集石門坎試驗，共計五百餘名，奪獲錦標者米耳溝王英先生之學生也，吳則長海子學生。誠為花苗初步競爭興盛之時期也。

栢牧之熱忱

夫當時之栢牧不獨殷勤於教會，亦競競業業於學校，真為三載考績黜陟幽明。故其所辦之校，無不浡浡然而興也。茲之滇東川南黔西之土民，驟然而進化者，無不沾栢牧以上帝之恩澤而灌溉之也。厥功之大，配于使徒。芳流永世之不忘矣。

第十二章　栢牧有基督之真像

栢牧容偉善處

栢格理牧師，雖曰西人，而其容相，殊與華人相似，身軀不高，面偉容笑，喜着華裝，好衣花衣。故其與漢者漢族，與苗者苗族，與夷者亦可為夷族也。不只裝式可扒，而語言亦無不貫徹也。故其言漢語，果為漢族，其言苗語，果為苗族，其言夷語，亦果似夷族也。由基督之與文士則居文士之上，與稅吏則與稅吏共食，與漁夫，則與漁夫同勞，此栢牧能為之也。栢牧講道，善能向時奪勢，易入聞耳。故凡所至，聞栢先生之名，無不引領齊集而聆其講道也。不得基督之靈，豈能致是之善講焉。

栢牧愛孩提

栢牧所至之村莊，兒童成羣擁擠，及入室，則其一一懷抱，按手於頭，為之祝福，施與果餌糖餅，訓以詩曲故事，共唱共言，若基督愛孩提之無異。自過牧師，為數亦不乏，然若栢牧之愛孩提者鮮矣。

栢牧善勸和睦

栢牧善勸人和睦，間有口角，經官府均不能解決，至其前，則數語而表明之，二面皆遵從和睦。不只苗民，而漢夷土目，被其勸和者亦不少也。

得逐鬼之靈

栢牧又得基督賜與逐鬼之能。凡一切巫術者，自誑曰：伊等至栢牧前，則一切鬼魔鬼去之無踪影。再經禱祈主逐趕，則不能行其巫術矣云。

得移山之信

栢牧又得基督賜與移山之能。於朝發硐對前之水爐上，有泉自磐石出

栢牧自石門坎往米耳溝，有米爐二堂的教會數百人咸集河邊，迎接牧師，牧師領孩童一羣，遊玩於有泉之磐石上。牧師對泉水曰：自今以往，汝不可出於此矣。日後往此經過者，見泉果不出矣。及至今日，泉仍不出也。如昔日基督罵無花果無異焉。

善敬老人

栢牧不單愛孩童，尤其敬重老人。每至東至，必開老人會，或宰牛，或殺豬，請凡六十歩以上者，無論男女，皆來宴會，各儘其憶，述講故事。每年皆集數百老人，至石門坎宴樂。可謂老吾老以及人之老，幼吾幼以及人之幼，此栢牧實行之也。

引民愛國

栢牧又善引導學生愛國。於辛亥年，革命起義，栢牧趁此引導苗民有愛國智識，鍾校長奉令宣傳，激勵學生為宣傳勸捐員，勸勉苗民捐得助國金五百餘元現金相助滇省之軍政府。為數雖微，然則亦可証苗族之愛國矣。如非栢牧之善導，為苗民者，安能知是乎。基督曰：該撒者奉之該撒，上帝者，奉之上帝。又諭彼得釣魚獲金納稅。可知基督不獨重天國，

實行拯救

而亦重世國，故此栢牧導苗族實行之也。

雅各書曰：有信心不若行為之美。觀太廿五章卅一節至末節，基督論功之賞

皆以實行憐恤為第一，故栢牧決不虛慰。有受土目之酷虐，御地方苛征者求之拯救，皆曰：無懼，汝回事息矣。果回至家，則栢牧函致文涉而事息焉。素習如是之救苗民，民敬之如父，尊如上，感激甚德，永及千秋。茲仰栢牧之救，則不能德矣。美哉栢牧功，其榮譽之責不淺也。

提高苗族

栢牧提攜苗族，其目的專冀苗族與漢夷平等。初設校時，嘗勵學生曰：汝等奮勉，不數年即為老師矣。然當之苗族，視如永無老師之職，疑栢牧妄言過分矣，殊如其言，未足十載，果出四五十老師焉。又於民紀元，有謂苗族必改進，與漢同化。栢牧曰：不可！茲之中國，為民族共組之中國也。恐後於中央有大任者，則苗族無名矣。苗族者，中國原有之土人也，已存如許之多年，皆不亡，今不可自亡也。聞者皆信以為然，而廢此同化之問題矣。

善救罪人

栢牧善能赦宥，扶助罪人，不復沈淪。有名王慕者，原係傳道，偶然不慎，而犯淫亂。三十餘位傳道士，決意誅此不軌之罪人。惟栢牧感恩而待之，且呼侍其旁，日與之行，易名為馬可。衆心不服，栢牧慰曰：爾等為吾所欽佩之聖潔志士，爾等能節制自身，克己而行，未必日

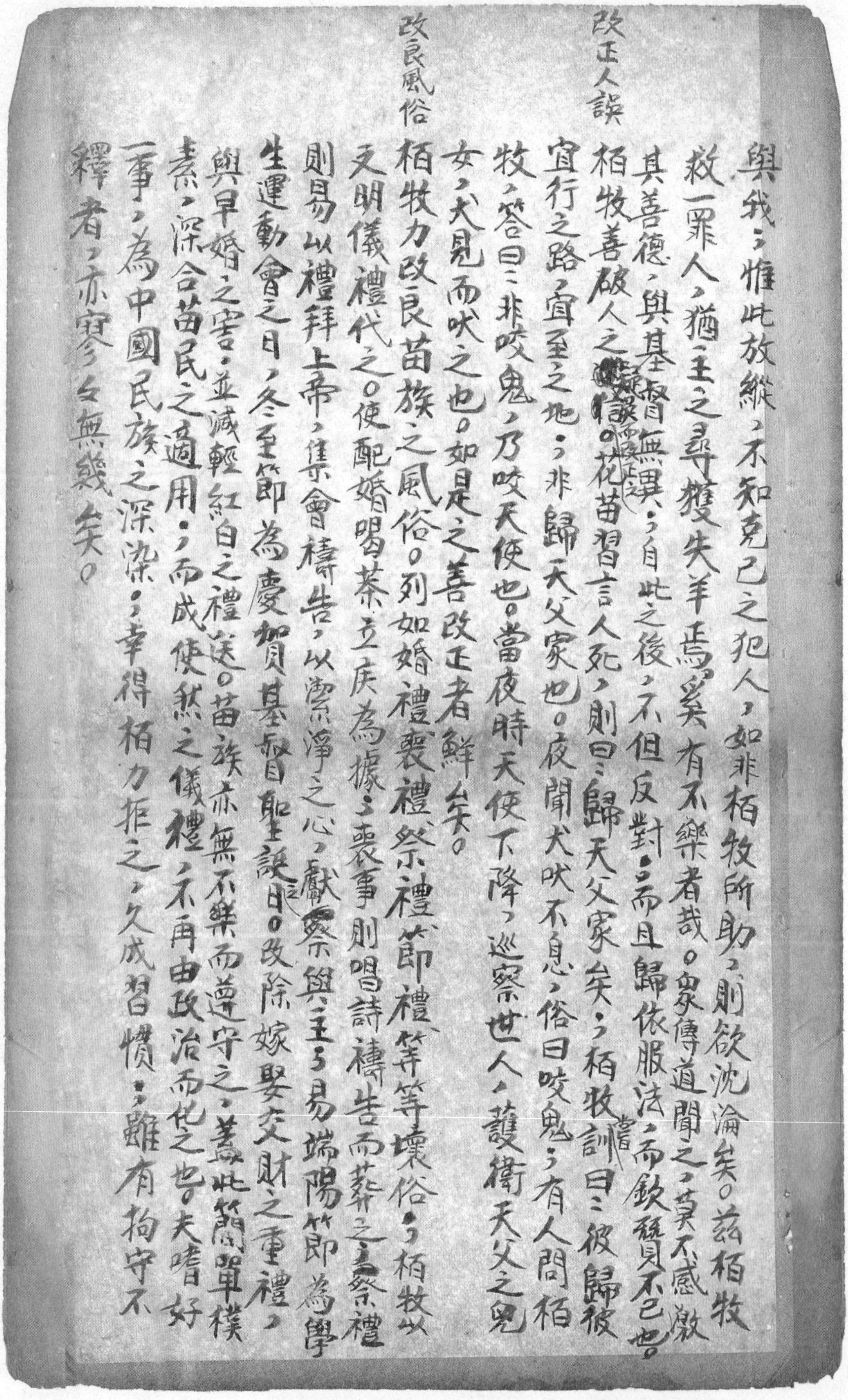

與我，惟此放縱，不知克己之犯人，如非栢牧所助，則欲沈淪矣。茲栢牧救一罪人，猶主之尋獲失羊焉，奚有不樂者哉。象傳道聞之，莫不感激其善德，與基督無異，自此之後，不但反對，而且歸依服法，而欽賛不已也。

改正人誤

栢牧善破人之迷信。花苗習言人死，則曰：歸天父家矣，栢牧訓曰：彼歸彼宜行之路，宜至之地，非歸天父家也。夜聞犬吠不息，俗曰吠鬼，有人問栢牧，答曰：非吠鬼，乃吠天使也。當夜時天使下降，巡察世人，護衛天父之兒女，犬見而吠之也。如是之善改正者鮮矣。

改良風俗

栢牧力改良苗族之風俗。列如婚禮、喪禮、祭禮、節禮等等壞俗，栢牧以文明儀禮代之。使配婚唱茶，立庚為據；喪事則唱詩禱告而葬之；祭禮則易以禮拜上帝，集會禱告，以潔淨之心，獻祭與主；易端陽節為學生運動會之日，冬至節為慶賀基督聖誕日。改除嫁娶交財之重禮，與早婚之害，並減輕紅白之禮送。苗族亦無不樂而遵守之。蓋此簡單樸素，深合苗民之適用，而成使然之儀禮，不再由政治而化之也。夫嗜好一事，為中國民族之深染，幸得栢力拒之，久成習慣，雖有拘守不釋者，亦寥寥無幾矣。

沾澤不忘花苗教育之普及，文明儀禮之先登，竟由栢牧改進之偉功也。凡有智者豈敢不拳々服膺而敬遵者乎。

栢牧逝世

不幸於丙辰年，因石校諸生，發染熱症，栢牧不分晝夜而診視之。諸生倒痾無虞，而栢牧反染重症，於仲秋而卒，壽適花甲。數萬教友，莫不咽咽泣，哀栢牧愈於喪父母哀哉！苗民泰山已傾，將何所依，悲悲夫！

為苗流淚

栢牧將逝，連續嘆曰：我的教會！我的教會！我的阿卯！我的阿卯！師母曰：汝四子！栢牧不憐，而獨為阿卯流淚！可想栢牧栽植阿卯，尚未達其志，焉有不自勉，而達栢牧之志，以慰栢牧而共享新天地之義乎。

詩曰 漢語五百而王興，苗則四千方得興。總之一日苦吃盡，神人自天來振興。栢香建築錫安殿，栢牧興造苗族殿。上主悅納栢香馨，尤其喜救奴隸佃。

第十三章　栢牧信任之傳道士

栢牧奇特用人

栢牧善能用人，不論其聰明愚拙，善講笨口，均一律信用之。其用之法，亦甚特別，為人所不能計劃者也。故其用莫不適當其職，亦無不合人心之欽服。如是之善能用人，見世者有幾許乎。

開苗疆之王保羅

其用以開苗疆，辦交際者，王保羅也。據言王保羅於清季，為昭通府署之官

吏，行為甚是凶暴。往往持刀，暗與柏牧同坐，欲謀刺之。如是數次，皆不能動手。似覺柏牧有大威禁，壓倒其凶暴之心。不但欲刺柏牧，而反被柏牧感化，洗心歸從基督矣

其為人：善言不畏，直識不虛，待人寬洪，救人急切。故柏牧所至，無不偕往，辯服一切土目。柏牧以道服人，王太爺以法制人。無論漢夷伸糧，遇有抗傲者，照法送之入官。如斯之治，方能解除苗民之專制，得以自由造就，而有今日之效果也。

憂諾為首惡之土目，狡猾多端之狐狸，故柏牧特委王太爺督建米耳溝堂。土目心雖嫉妒，而不敢欺侵，以致落成亦無事也。

教授苗文之李司提文

柏牧用以引道苗族，學苗文詩，讀苗文字者，李司提文也。據司提文先生，乃流日之書生也。故西學富飽有餘，猶如西人然。於是善學苗語，繙譯苗詩苗文，乃天資聰穎，自然使成也。且偽稱青苗，以便得苗族之心。故苗族皆稱之曰：苗同胞。久之，方知其為照通城人氏也。

據言李司提文，初信佛教，熱心念佛求仙，意欲達成仙之目的，殊知克苦身體過甚，而傷激腦神，若癲狂然。幸蒙柏牧勸閱福音，訓以真道，

自此去假歸真，而狂病已愈，一心認基督為救活伊之救主，認上帝為造伊之天父，
認栢牧為勸伊歸善之義父。雖經父兄之罵，朋友之笑，亦不懼憚，不羞
恥。又人呼先生為李耶穌，先生反以此名為榮耀難得之聖名。且竭力
勸改其父兄，父兄不久亦歸從基督矣。
先生長於學問。故文學、数學、道學、體育、曲譜，其文、苗文，無不兼優。
尤其特者，草書之墨飛筆舞，罕有之人物也。先生之樂器有風琴、有
圓琴、有二胡、有琵琶、有笛簫，無不精習優雅，可為當時中國特有之
新人才矣。其教授之法，喜單級，不願複級。其教音樂，先注重基本熟，
後訓之以節拍；又愛授以四音。可惜當時之苗族，黑暗已極，鮮有承受
先生之善教。其繙譯苗文聖詩，亦不止数十首，甚至將國旗赫赫
懸當中之一首「當時革命新歌」譯為苗文，其大意曰：「我不論走那裏，要
隨從我的主，不可說一句惡言，欺侮弱小的人，天天要禱告主，改化一切惡
人，如是方能救世人，得我天父的寵愛」。據此詩之意義，即當日先生見苗民受
土目之專制，不忍其苦，而發惻隱之詩詞也。
丁未年司提文先生，奉委於米耳溝任傳道，而兼授學生之聖經詩歌

培植苗族子弟之鍾煥然

体育三科。每夜授經，必使學生，做其演講，亦得其稗者不少。一日先生問曰：汝等諸生，各抱何志趣，請立誓而遵之。有謂傳道者，有謂作師傅者，惟王定安曰：我必作官。先生喜甚，願定安能達官職。可惜神童志高，不幸而短命，悲夫英雄之志！

戊申年先生被委綏江傳道，深獲該地教友歡迎，惋留於彼數年，方回昭任務。[illegible]復任石門坎教會

丙辰年先生奉委彝良傳道，不幸於是年，栢牧逝世，惟先生之痛哭較父母故亡尤甚！先生之愛栢牧，猶約翰之愛主然也。

丁巳年先生復任石門坎教會外務，兼視理學校。自是年後則永不返苗疆，而至上省傳道，年終回里，半途而遭匪患，死亡何地，無人所，總之先生亦為道舍己，而享其當得之旒冕也。

栢牧用以培植苗族，改進文化者鍾煥然也。據煥然先生，原係窮苦子弟，幼時為人牧牛。其父與栢牧擔水，其母與栢牧洗衣，誠可寒苦。一日栢牧問其母曰：汝何不送汝子來此讀書？先生之母曰：無纖費安能讀乎？栢牧曰：

有我，汝送來。看此先生方得入塾讀。不幸先生忽然得病，幾乎欲亡，
先生跪禱曰：我天父歟，汝救我脫離死亡，我願終身為主作工，不貪
世祿榮福矣。主應其禱而使之復蘇。故此先生終身不敢忘其誓言。
及其為苗族開工，志為主作工，酬報主恩，所至皆大有啟色。柏牧喜甚，
委於石門坎任花苗高初校長。先生誨人不倦，救人不變之，辛辛苦苦，歷有
五年：訓出教員五十餘名：且吸引石門坎四圍漢族，皆歸入基督。設
有銀爐河壩，熊家溝，倉上等三堂。真為基督預備以救苗族之人物
也。
先生治校得法，訓誨精詳。其念書也！津津有味，使學生樂而從讀：其
講書也！先由單字明瞭而後串講：知串講則閉書而默敘。如是之精
詳，訓練雖嚴必明，雖柔必強矣。嘗訓學生之師資曰：汝等為師：必威愛
相用以治服學生。汝獨愛無威，則學生不懼，而秩序易於倒亂，學校
不能振興；務威而無愛，則遠學生而不得其心，師生斷絕感情，其為害亦
非淺鮮也。此二語者先生師範之總綱，而授以學生為師之需資也。故
其學生出為教員：竟取法於先生之訓誨，愈於師範卒業者，見
其實效也。

楊雅各善得救心

張約翰直性救人

朱爻瑪勇力性溫

楊雅各乃威寧石門坎雨撒寨人也。為人聰穎誠實，柏牧愛之。深得柏
牧信用於總部，非有要事，不得遣派外出。故數年之內，皆住石門坎，補
助柏牧繙譯工作。

張約翰係彝良木渡溝人。性情剛直善言，具熱心救人。初為石門坎建堂
賬記，然後被派米耳溝補助建堂，又石門坎住二年，補助傳道。自柏牧由
英返華，仍住米堂傳道，後奉委武定撒布山，住傳道兼任教員，自此
返里，乃任西居子傳道，後易委龍井任傳道。及柏牧逝後，因剛直義勇
之善救，人以為過分，無能用之。遂回府歸農，經無數磨難，亦毫無冷淡。
每逢聚會日，或與未知主者，皆兢兢業業，傳揚主道，煙酒以及勤死牲畜，
終身不沾，非屬靈能如是之節制乎。誠可欽可慕之老傳道也。

朱爻馬原籍彝良銅廠溝，後遷木渡溝，與張約翰同村。為人聰穎溫和，
道學音樂兼優。凡所至者，無不歡迎樂待。力能負十人，口能銜擔水，步
行一里，飛越丈餘，泅水數里，毫不費力，雖為苗族獨一無二之勇士，然性謙遜和藹，
毫無恃勇陵人，誠為主愛之勇士也。初委與郭牧至武定灑布山，開闢教會，
由之返里，被委任米耳溝傳道，自柏牧由英返華，委任天生橋傳道，又明

年，被栢牧派往尋甸果普族，開設教會，由之返里，被委於總部，及栢
牧逝後，主牧委任米耳溝傳道，至戊午年，由米堂往家，不幸於半路飲水
得疾而卒，壽三十四而逝，睡候其榮冕之享。

朱啡力善能
和睦

朱啡力原籍於彝良銅溝，朱多馬之從弟也。為人溫柔謙和，少語誠樸。
善能與人和睦，故所至之處，教友皆依依不舍，竭力挽留。初派與張約翰
於米耳溝建堂，翌年委西居子任傳道兼建堂。栢牧回國，則任石門坎
二年。及栢牧返任會務，被委任長海子傳道三載，後易委腰居子傳道
三載。至丙辰年，栢牧派往武定灑布山，補助郭牧傳道，深得教會歡迎，挽
留八載，不幸遇瘟疫，喪子女七人，因心憂煩急，心破胆裂，血液不舒，於甲
子年返里，帶病至丁卯年而卒，壽四十二而逝，卧待天父之福賞。將逝時，欲
勗勉其弟朱果成，熱心為主作工，不可冷淡，倣法世俗，故繼續呼其弟曰：
我小弟來乎！家人曰：未來。再三再四曰：我親愛的小弟來乎！家人曰：未來，直甚
至呼其弟至雞鳴叫而逝。殊知其弟已往遠方為主作工，未知其逝期已近而
不來。是夜其弟於西居子堂，夢見兄來訓曰：我至愛之弟，我期已滿，我欲歸
我天父家，我弟汝務殷勤為主作工，不可懈怠，倣法世俗。言畢，遂負書包持

枚沿江上而往天家矣。其弟回視，已不見兄焉。

朱党聰明善交

朱党原籍威寧仙馬脚人。体高容偉，言明心清；雖未入學，能明經達理。楷書草書，均奇筆舞墨，為苗族罕見之才也。初委天生橋傳道；後奉遣往武定洒布山傳道。由此返里，遂得栢牧委派川苗開工。周遊數年，設有今日五縣之教會。後派往尋甸果普寨傳道，於彼得病回里，多方醫治無效而卒。壽三十餘而逝，惜哉英才，悤悤眠息。

王道源慈善捨身

王道源，籍貫威寧大寨海𨁂山人。笑容慈善，擅長寫詩。初於石門坎傳道；後被委派武定洒布山，補助郭牧開工。由此回里，奉委米耳溝傳道，時值學生染熱症；道源日夜事護，學生均癒，反自染疫而卒。年方三十餘，長眠而俟其榮矣。此傳道身臥遠方之一人也。

王基甸忠樸熱忱

王基甸，彝良樹木柯人。性忠直樸，熱心傳道。初於石門坎讀書兼任傳道。後被派往武定洒布山傳道一年，由之返里；被委湯鍋寨，經理松林。及栢牧自英返華，委任箐門坎傳道；次年被委尋甸果普族開設教會；由此歸里，被委長海子，傳道三年。栢牧逝後，委於本鄉爐茅罘奈傳道，兼理料家務，不幸染疫而卒。壽四十餘而長眠俟福矣。

王定安神學超衆

王定安字靜齋，彝良落尾壩人也。為人殷勤好學，和平信義，同學無不愛慕其美德。幼時其父送之私塾讀書；年十三歲，繼入米耳溝讀書；年十六升學於石門坎高小，連考三年皆爭得最優第一名，為全校諸生三百餘名之冠，栢牧喜甚，升送成都華西中學肄業；初年考最優二名，次年考最優一名，以及三年皆如是，無人能與之爭衡，於是同學誼友，假賀讀宴，不幸被毒，返里病發而亡，年二十三，斷命無聞，不免父泣於歧路，妻泣於閨室，苗族莫不哀惜柱梁折斷，悲夫！

王愛福和平義氣

王愛福字錫五，原籍魯甸白岩腳人，後遷居大關蔣家壩。為人剛直好勇，和平義氣。十五歲入學，十六歲升入高小，廿歲升入成都中學，廿五歲回任石門坎高小校長，廿六歲配婚，任米耳溝初小校長兼傳道職員；翌年易於天生橋；然後轉任本鄉會務，統治落尾壩、涼風坳、麥子壩三處教會。最不幸者，於成都受毒，抱病回里，每年必發生一次。年方三十病發而卒

王快學善教重禮

王快學，彝良後寨村人，幼時入學於石門坎，心未開時，似屬遲鈍；及升高小，心豁然大開，算術英文嘗爭第一，擅長繪畫，為全校之冠；栢牧佳善，升入成都華西中校肄業；四年卒業返里，任石門坎高小校長，性慈愛教

和，學生敬重，成績甚優；僅一年毒病重發，於昭通醫院，多方診治而無效，終歸長眠逝世；二百餘生無不流淚汪汪，嘆惜其慈善溫和之良師！父母哀泣！良友嗟歎！宗族同哭！苗民共悲！皆惜先生之禮義廉恥，實行慎重；苗族中再求如是之慎重鮮矣，悲夫！

定安、愛福、恍學三位先生，雖中途崩阻，大功未顯；然而其為種族爭光榮，犧牲成仁；亦我宜紀念不忘之俊秀也。

花苗史略校释

◎朱佶丽 整理 苍铭 段阳萍 校释

花苗史略校释目录

第一章　洪水前之遗史

古传遗语

我花苗古史，甚无从可考。只依古人相传，子孙相忆而记之者。相传于洪水之前，神与人通，天女与世人联婚，有天梯直达天宫。居天上者，最著者有二，即神人祖，与阴府王也。阴府之女，尝与世联婚，并诱世悖婚云。

廉甲故事

古人相传：有廉甲者，为人孤贫。日于河岸，捕鱼为生。其钩针忽钩入龙王之喉管，疼之无已，龙王令其小女，名吾然吾谤者，至世求医，将由水而出，便见廉甲遂语之曰：吾父喉疼，特来求医诊治。汝能否？请与予往诊之。诚为感激之至。廉甲曰：吾虽不能，然怜汝之疼痛，可与汝往视，能否获愈，

汝不可受，曰欲尔之小裸鸡而已。

是亦幸焉，于是二人同往龙王府。于路时，吾然吾谤曰：苟吾父赏汝金银驴马，

及龙王府中，视疾即愈。龙王不舍其小裸鸡，廉甲假复诊而仍钩于喉，辞而归之。翌日吾然吾谤随之求返而复诊，如之往返三次，龙王方允赏小裸鸡。廉甲将小裸鸡怀抱出水，便吾然吾谤矣。可怜廉甲，有妻无家，夫妇二人，共居蒿棚。龙王怜之，当夜出建大厦宫殿，赐之婢奴。廉甲至其岳，乞六畜以养之。一旦之间，卒为大户，岂不乐哉。可恨阴府之女，千方诱惑，诬谓吾然吾谤，身染麻风，宜速休之。彼愿为廉甲妻云。廉甲信以为然，归诘其妻，谗之果发麻风，誓必休之。吾然吾谤将归水时，劝其夫君，三复思之，恐信彼谗。而后悔晚矣。其夫曰：为男儿志，言出意决，安有悔乎。吾然吾谤无女之何！唯从其休之而已矣。即请夫拔藤给之，三鞭上域，三鞭下域，五谷六畜，注入江河，大厦破毁，穷洗一净。当此之时廉甲惜而悔之，亦无济矣。唯有仍归而处之蒿棚，意有阴府之女，谅必恢复其家，殊知廉甲至阴府求婚，不第之不嫁，而吐唾凌辱之。使廉甲尤加痛悔，泣而归回！趋河日泣以寻其

妻。幸有虾蟆之助，吸水而干之！致廉甲觌其妻之一睹！惜妻已嫁，不能挽回，仅受赠巾二尺，以作纪念物而已！廉甲忧，不乐，游江而终其身。嗟呼！廉甲信阴之女，遭其谗骗，岂不为后人之鉴者哉！

孤儿故事

又有传云：有一孤儿，无父母，无长兄，出入无依，诚可伶（怜）也！此孤儿出游，能否获妻以相助。路遇阴府小女，牧豕于野，语投意合，愿与其父言明而成亲，殊知其父阴府被其兄等不愿，欲煎孤儿于红锅以啖酒，幸得阴府小女，暗助一涎，而红锅冷之，遂应为夫妻。同归凡尘，露宿于平原之野。阴府怜之，当夜下凡，建筑大厦华宫，赐无数服役以事之。一日逢王越途经此，阴府小女，请夫出迎，赐酒湛之，以致全军醉至半酣，王不能前行，假宿于孤儿家。次日王欲与孤儿易妻，孤儿踌躇难允。因其不忍离其妻也。王再三求其易换，孤儿之妻亦逼之应允，不得已而易之。众军护孤儿为王，前呼后拥，出发回京，唯孤儿因妻故，三返回视！末次见妻已升还天宫，华宫破毁，弃

王独自于此，呼号无路。孤儿反（返）身，促其三军，不数日而京师，登其王位。未一年，其妻胎孕沛临，生一长子，裹任（衽）于大雨中携送孤儿大王。孤儿新王闻婴儿哭声，令随者往外觅寻，终无踪影。盖王闻哭声，而他人未闻故也。于是王提灯往视，寻至宫后，见婴孩裹衽于地，拾抱而回，改㈠裹视之，乃一俊美之婴儿，并有书函一封，展读之下，见其文曰：夫君台鉴：径启者，一世姻缘，生夫一子，遣尔代寄，仰为哂收！慎重保养，共乐家庭，来日方长！特此顺颂，又安。阴府小女谨上。孤儿大王诵毕函文，尽悉其由，即时访寻乳母以养其子。此子系天女所生，如是世人可比。每日长速五，每日长速二寸半。未一岁，已能入塾读书矣。天资聪颖，愈于世之神童数倍。三年之学，贯通天地。不至十岁业已成人，遂辞父登梯达天，省迎其母，然不识母，不知外公之家于何。故登天一路访问。于旅宿，有详语曰：汝明日在此候，汝母来矣。汝见三妇来时，前者骑鹅，后者骑鸭，中者骑鸡，骑鸭者即汝之母焉！汝走握其手，速呼母母！

㈠ 云南方言『解』读作『改』音。

其必认汝矣。孤儿大王之子闻之喜甚！翌日未晓，便出候之。至巳时，三妇出游，彼握骑鸭者曰：母！母！我必与尔去！我来此候母！迎母！其母不承曰：吾不知汝为谁？吾未言汝，汝非吾子也！然而孤儿大王之子，泣随之不舍！大姨曰：妹与欤！汝至世成婚，汝生一子岂忘之耶！如是之泣随不舍。恐真汝子欤！于是，其母反问曰：汝真吾子乎？果真吾子，随吾来。迨及外公家，外公不认，且不容迎其母回尘，孤儿大王怒而踢激天梯，天梯坠地，被神人祖见之！霹雳大闪，欲击死阴府大王。阴府惧而准之，第令将梯速搭元（原）处。孤儿大王之子喜出望外，腰挂天而足钩梯，搭于原处携母返尘。低（抵）地休息吸烟，不留意而毁去天梯。断绝天路。自此人神不能往来矣。将入父城时，炮轰动天，震倒塔柱无数！其父惊之！命元帅统军出视，唯见母子二人。褴褛于郊外，回而报之。大王不信。亲出视察，果见母子二人于城脚煮粥食之。母用碗盛粥递与大王，曰：王不嫌而食之。王接用箸翻视，遂得一纸，纸有文曰：妾与汝子，兹已归回。大王不嫌，请迎入宫。大王阅毕，不语而归。速备轿迎接入宫。一家喜乐不尽形容矣。语云：孤儿大王之子，成

为当世独一之英勇，创出横暴之世界，神人祖大怒，降洪水灭之云。看创六章一至四节。(一)

阴府恶习

阴府大王原系大龙古蛇，即撒旦魔鬼也。其原罪乃杀人骗谎，故其子女无不习染骗陷谎人，使廉甲败家亡室，游江而终，有仁者：莫不之惨矣。后其外孙，习其横暴操戈杀人，攘成洪水之患。亦后世无不嗟嗟而憾之。愿诸君子，远阴王而慎其计，是至幸也。

洪水故事

相传洪水泛时，有赵有、赵亚弟兄二人，偕之耕垦荒地。至夜深，神人祖手持长杖，将泥饼翻原成荒。次日弟兄二人见而重耕之。至三日往视，仍

(一) 作者注释『孤儿故事』的来源。

亦如斯之翻原矣。弟兄奇而约曰：今夜吾一同往共守，究竟谁为。守至夜半，神人祖白发白须，手持长杖翻覆泥饼。赵有大怒！欲执而鞭挞之，弟赵亚曰：兄不可妄动行恶，待吾详问其缘由而已矣。神人祖曰：尔弟兄不必徒劳而耕矣，耕之亦不得食矣。因人横暴，洪水欲灭之。汝弟兄速回制鼓以避洪水。令赵有制铁鼓，因其性硬若铁，令赵亚制梧桐鼓，因其虚心如梧桐也。二人奉令，各造成鼓，届期，神人祖临凡，令赵亚与妹入梧桐鼓，以避洪水。诰曰：兄执小刃，妹怀鸡卵，迨卵孵鸡，便将刃破鼓而出，时洪水退而地干矣。二人闻诰遵之。顷刻大雨如注，草木石岩，无处不暴发泉水，甚至洪水泛滥于地灭净世人。赵亚与妹，见卵孵鸡，急破鼓而出，视地面已一大变矣。二人独处新世，难免寂寞，闷闷不乐。兼之火灭柴淹，将何以度生河（活）。正虑间，忽见一小鸟飞止于石，赵亚拔刃击之，刃触而现火，二人甚喜，照法击石而取火，觅柴而引炉之。火烟腾天，神人祖见而乐之，降而慰曰：汝俩放心，自今以往，吾不再用洪水灭世矣；汝等见虹挂天，此不雨之确据也。将来人繁横起。吾

必委圣仙下凡，训迪化世。兹尔兄妹，宜成家室，维持世务。养育子女，以繁殖于世。兄妹曰：兄妹成婚，乃逆伦理，是人之共耻也。誓死不为。神人祖使兄负上磨，妹负下磨，自沟二面滚之，上下磨至沟，合配如置然。二人仍疑不定，神人祖再令兄执线，妹执针，自山二面掷之，仍值（直）而穿之。经此二试，方成夫妻。然则久不生育。一日妹忽掉胎，视之乃一血肉未分而坠之胎也。遂弃于外，被猪撕破碎之，妹不忍视其血肉践踏，即收出野四撒之。有挂于李树者，有挂于樟树者，有挂于桃树者，有挂于杨树者，有挂于柏树者，有挂于梅树者，甚至有落于园地者，有落于屋宅者，有落于猪羊马牛厩者。次日，兄妹出游，见李树有户，樟树有户，桃树有户，杨树有户，柏树有户，梅树有户，林中亦有户，甚至撒完之处亦有户。返时又见园地也有户，屋宅也有户，猪羊牛马厩，皆无不有户矣。于是，住李树者姓李，住樟树者姓张，住桃树者姓陶，住杨树者姓杨，住柏树者姓柏，住梅树者姓梅，住林中者姓林，住撒完之处者姓王，住园地者姓袁，住猪羊牛马厩者，姓朱阳牛马也。由一肉而撒成一大树，且各有异姓者，皆神人祖，不紊人伦而至之也。自此，异

姓与异姓联婚。家族与家族亲密，成为东亚永久不破之习俗也。

有诗歌曰：

恶魔播生横暴世，流血漂橹惨无尽。
人正顽皮洪水来，洗涤前污易新世。
留存兄妹两善人，血肉散户满凡尘。
分别姓氏重人道，爱护宗族遵人伦。
神人之祖当敬重，遵善行道听其用。
圣仙下凡为我来，备好新世接我去。
从此阴门即永闭，不再陷入其死弊。
随圣享天千禧福，待赏新世其中义。

善恶有报，言之不谬。赵有肆其性，纵其气，而发其恶，而致与世同亡，赵亚能忍大节，宽宏度量，昭其美善，得遗为新世之祖，岂不荣于万世耶。

第二章　洪水后之迁徙

夫我苗族，自古皆好迁徙。虽无详据可考，然而亦有遗传可究。知其忽南忽北忽东忽西，于数千年之内，不知其迁移无数处矣。相传古时，现有七日七月，照耀天下，酷热之极。涧溪绝源，江河尽消，土地焦裂，草木枯槁，人民炎烈难受。唯有杨亚江滨之桑一株，尚存无槁，杨亚伐之而制弩，以之射日月。除其酷热之害。未几，射除六日六月，存之一月一日，以照天下。其热度方减而气候方和。殊知所存之日月，畏惧而躲匿之，以致全地黑暗无光。当彼之时，耕宜用灯，行宜用灯，居宜用灯，灯之需用，一日一时不可少者也。人民如是之不便。不能不求日出。然人求之，日畏惧而不敢出。于是托野兽呼求，野兽之王者狮也。故狮首先呼之。狮之咆哮惊天动地，日尤惊惧不敢出。

而后再托家畜呼之，家畜之首者牛也，牛呼声最大，日仍不敢出！人无法可想！只得请雄鸡代呼，雄鸡拍翅三呼而日出！日喜雄鸡呼声清亮。赐之红冕。自此鸡即为呼日出之家禽云。

此事之传：苗族信以为事实，然据吾观之，必迁徙之变更也。盖人居此，则日出于河之上域，迁彼则日反出于河之下域矣。人居此则日出于山后，迁彼，则日出于山前矣。迁移七次，则现日之七矣。其不究山川之转折，地势之所致；乃误认曰：有七日也。迁至黄道，日直射而酷烈之，必曰：非怪如是之酷热，见天已有七日之发现矣。渐迁于寒道，半年不见日光，则曰：怪杨亚射惊而避匿耳。然后转移温道，气候温和，则曰，幸有鸡唤出一日一月，故其热度温和矣。由此观之，此故事之说，信为迁移所得之遗传也。

述迁徙的事实

由之究其迁徙，则知先迁于南，遇酷热而转于北，游猎而渐达北极，于

北极经其半年不明，冰雪不化之世界。由此渐折东南，而居于直隶之地（即今之河北、察哈尔、绥远、热河四省之交境），失此而迁红江（即今之河北、河南之黄河两岸），由红江而居桃花城（即今之洛阳县），又由桃花城而迁荆楚平原（即今之湖北荆山、荆州之地），自此南迁洞庭（即今之洞庭湖），由洞庭沿沅江而奔香樟坝（即今之贵州苗岭），自此随公主移居乌撒（即今贵州威宁），由乌撒而分居乌蒙（即今云南迤东昭通等地），于是居乌撒者曰『ㄇㄠ ㄕㄠ』㈠；居乌蒙者曰『ㄇㄠ ㄅㄧ』㈡，此皆顺其土司称号而名之。斯其迁徙之大略也。

㈠ 汉语注音字母拼音，苗语，音『卯绍』。

㈡ 汉语注音字母拼音，苗语，音『卯彼』。

第三章 苗族失败之原因

苗族无人和

苗族据有直民隶之地，都举六[一]，北自独石口连延杀虎口，南自居庸关蜿蜒雁门关，皆天然一大城垣，山峭路险，有愈于此耶；虽有翅亦难飞越也。奄有九州之地，联合九族之众，执握中原之牛耳，占据北口之要隘，天势之强，地利之富，皆苗族共有之也。兼之男耕女织，幼牧壮猎，成为自然之习俗。上及君王，下至庶民，无不自劳自动之习养。是故衣食住行，莫不丰裕美善，只因平等过甚，自由过范，任其狂妄贪欲无所羁，纲法违令无所束，由是而有叛君逆父，不忠不孝，种种之现象焉。稍有智者，必自霸为首，稍有成人者，必离父为长。国家遇难，竟罪于君，家窘困乏，归咎于父。如是之弊，乃亡国之兆，是不疑矣。

[一] 今河北张家口市涿鹿县一带。

方举之六隘：北有独石口杀虎口之险要可守，张家口为冲锋杀敌之路，得胜口为应敌接袭之门。故张家将之杀敌，十矢弩之发中，节节得胜，有熊大军，莫不丧胆而败逃也。相传一弩而倒七排，一剑而戮三截，黄帝虽智勇，量亦穷韬而乏略矣。无如战争连年不息，饥馑频发，民心离散。失人和之自卫，丧奋勇之自强，顺其不能忍饥耐劳，而甘为牛马奴隶亦不耻矣。于是发厌言于上曰：怪其杨君张将不愿降敌，而攘如是之兵荒。杨张之愿死，其自就死；奚强我之与死乎！去矣！去矣！待杨君张将独自就死，杨儿张儿自受雨露之湿，日烈之曝而足矣！何苦依依之而受死乎！又曰：如上不降不和，则吾等另立领袖，以便降和而免死亡。于是另选二男二女，皆无经验，无胆量之少年，备之降敌。

巜一㈠蚩元劳见民心如此之倒退，又如是之离散，知不能长期久战；不得已而求和于有熊，任其如何要求，亦无所辞。于是有熊，鬼鬼祟祟而定入境通商之盟约。有苗等，疑为千固万妥，外无防，内无备，各谋生活而晏太平，

㈠ 拼音，音『格』。有写作『格蚩尤劳』。

醉酒荒淫，笙舞狂闹，于不意中间，外攻内应，任其有天大之勇，神仙之灵，亦无法救济矣。唯有各逃生命为上策。是时也，有熊大军。入关围剿，东冲西突，无法脱险，君王被擒，人民急着，计思心生，颠履着逃，由居庸奔出，向南匿命；黄帝查知履迹向北，疑为北窜，挥军力追，而致迷路不能返，幸有指南车引之旋回。呜呼！此计！亦天留矣，不然尽诛无余耳。

亡国的感慨

嗣后国亡，方念及其君之德，其帅之功，叹曰：我君王在，我国不亡！我听帅令，我免逃亡！兹者：土为人土，家为人家！美邑为人有！美屋为人住！独我何所往！泣曰：有熊！有熊！汝真狠毒！杀我之君，如牛觳觫！呜呼噫嘻！哀惜发怨有何益耶！兹有国者，宜以为前车之鉴也。

迁居荆楚

相传苗族，自败亡南逃，散居红江两岸，而据有桃花之平原。及尧为天

子，九族亲睦，万国共服；唯张杨李三苗，意欲恢复，不愿臣服。于是大舜征伐于三危势不能支，逃入荆蛮，住于荆棘（楚）平原，联与三家兴楚。故苗族于楚亡。及屈原之纪念日，皆乐守不忘，每五月五必有晏疯节，意谓屈原爱国，疯癫落水，当纪念不亡而名之也。及三家兴而灭秦，汉王背约而灭楚，亦深获一故，成为谚语曰：石不可为枕，汉不可为友。由是可知苗与楚之感情，亦非浅鲜矣。

洞庭之没的始末

由荆而渐迁洞庭。至宋时，有ㄍ一 一ㄢ[一]蚩元劳者，奉汉族请就庖厨，杀牛祭祀，因心焦锅而不见，汉族诬为其子窃食，剖腹究验，未见一肉，然后肉尽，方见焦之锅底。ㄍ一 一ㄢ蚩元劳受此冤屈，实不能忍，誓与独生子复仇雪耻。于是举兵扰宋，数载不息。此次之兵缘报私仇，盖响应者无几希，然则陷累族众亦不乏人矣。传言ㄍ一 一ㄢ蚩元劳之能支持者，全赖龙心之助，胜则侵犯

(一)『ㄍ一 一ㄢ』音『格炎』，即『格炎蚩元劳』。

汉族，败则退匿湖中，其持龙心泅水犹趋陆地然，宋军往往不胜；于是宋帝遣岳飞征之。岳飞大军至，见其湖中之灵敏，无法取捷，暂止假和，于不意之间，用诈骗ㄍㄧ ㄧㄢ 蚩元劳之女，以牛心易得龙心，然后出兵围攻，牛心泳水不灵，遂坚守岛中不战。岳飞令搭木于湖□[一]，大军登岛而擒之。不力而剿灭矣。因一牛心而丧其子，又因一龙心，而丧其命，逐其族。故子孙永远禁心不食。以为伤惨之纪念也。

迁居滇黔

因缘此役，其族受驱，沿沅江而入黔境，居于香樟坝之苗岭。承蒙该土司厚待，赐地与之耕种，每年纳酸杨核一斗。经百余年，无处取纳，闻该土司之公主，出嫁以乌撒土司，趁随移居乌撒。小花苗仍留该处，号为ㄇㄠ ㄙㄠ（音『卯祀』）；迁乌撒之大花苗者，则为ㄇㄠ ㄓㄠ（音『卯昭』）。由是分为二支。而渐

[一] 此处字迹不清。

疏绝往来矣。

后有迁居乌蒙地者为ㄇㄠㄅㄩ（音『卯彼』），仍留乌撒住者为ㄇㄠㄙㄠ（音『卯绍』），此皆因其地名而号其称者也。

苗族别分的原因

夫苗族：原属有苗之宗，一族之本，决无所分。

不过当时之居处各异，居举六京畿者曰：ㄇㄠㄓㄠ（音『卯祀』），其所任者政治军役；散居直隶地者曰ㄇㄠ直（音『卯直』），其所任者，纳粮助饷也。然ㄇㄠㄓㄠ（拼音，音『格』。有写作『格蚩尤劳』）者，力持其本族之语，少与汉族交际，故其原语本音，风俗习惯，一无所失；唯彼ㄇㄠ直，则与汉族往来，故其原有之语言风俗，失之其半矣。因语言渐远而微异，风俗渐习而迁易，则演然为二族矣。然后各邻之风俗，衣装之扒（别）异，种种原因之辨别，而成数种也。兹为民族自决之时期，民族团结之亟需。

愿为民族者，恢复为一，以辅国族，而建大厦，是所至望。有诗曰：

不忠不孝亡国奴，逆父逆天愿为奴。
漂流四千六百载，奔忙中原徒碌碌。
十磨九难已受尽，天之不灭来改进。
奉承国府来扶植，一体团结向前进。

第四章 土目待遇苗族之感慨

土目的制度[一]

自苗族迁居乌撒、乌蒙之地以来，任其开垦耕种，多寡不论，均纳小米量一斗而矣。当彼之时，虽杂于蛮夷之内，盗匪之间，往往受其拐贩之害，然其土司，深有自由之待遇也。然后罕叶生[二]平息乌蒙，清帝改封其家奴为小土目而还，则地土又一大改变矣。凡昔之佃民，必由之安押加租。于是乎有羊租地者，鸡租地者，更有为马租地刀租地，服役地，等等名词。每只羊地，

[一] 元明在四黔滇彝族统治区实行土司制度，清雍正年间『改土归流』，废除了彝族土司统治，但由于这一地理上和行政上都属于较为偏远地区，使得一些小的黑彝政治力量得以保存到民国时期，人们将这些政治上有特权，经济上有实力的黑彝头人称为土目。

[二] 即哈元生，雍正『改土归流』时为威宁游击。

即为一脚。每只鸡地亦为一脚，每一脚，安押十两，租一石，给据券者少，无据券者多。

每村设立苗首二人。谓曰六ㄙㄥ厂、六巴；汉语曰：乡老、暑纳。又设立麻ㄉㄩ木ㄘ厂，总理众村，汉语曰：总头人。每村又有其亲信家仆一人镇守，曰村头人。土目署：有门上，有管事，有师爷，有跑差等人。村中发现民事，或刑事，兴口角等案件，必先报六ㄙㄥ厂、六巴；由该二人携至村头人；由村头人入通门上，门上禀报土目老爷，经老爷批准，然后委之总头人，或村头人等和解；如事不能解决，方转呈土目老爷分讼，至此则完全解决矣；万无再兴至政府等情。如敢有不服者，必逐之出境；故民见之，若鼠之见猫似也。

会见土目时，必跪伏于地，尊呼在上老爷！小的原系老爷之奴仆，肥为老爷之羊，瘦乃老爷之狗，求老爷施恩救护，等等卑辞，方能讨其欢欣（心）招留！兹虽民国，解脱专制，删除苛列，而土目益加苛酷！以致民之涂炭，不可设想矣。

戛诺[一]的兴强

土目佃苗，最多者，当推戛诺土目为第一。隶属其治下之古村，共计四十八寨，每寨皆三十余户，新有村户，尚未列如（入）者，亦不知凡几。几据有彝良全属之苗民矣。初为该佃苗之总头人者，铜厂沟之朱暑纳兼任之，次为树木柯王乡老兼任，再次则簸箕寨李团统兼任也。

当戛诺土目初受封时，一切租粮制度，仍从乌蒙土司之陈例。及罗祖爷时，有仲族（今布依族）不服，与讼入省，该土目购烟盒烟锅，赠诸佃苗，购裘一件，以赠之总头人，曰：因与讼用资已巨，无法设想！请求佃苗助之云。于是摊与每脚地，助银十两，租一石，昔之小米粮，及鸡租、刀租等，则照旧清纳。令每村替其耕种地一块，以尽服役之务；另有小夫、小派，随时呼应。

每年九月三十夜，为祭祖之节，乡老、暑纳必清收鸡租刀租，备烧酒甜酒各一瓶，率领村众，赴其署守节。乡老、暑纳缴鸡租、刀租后，则持备有之酒，

[一] 彝良县毛坪猫猫山罗姓黑彝。

跪伏土目前，将酒呈上，土目奠祭后，转赐酒一角（觚）饮之。礼毕方起立退出，发米肉与村民共晏（宴），每村各咸集其村头人，狂呼痛饮，过一夜之乐。天明则各返其家。其村头人之手粮，则每户纳谷一斗鸡一只，此戛诺土目治理佃苗之大略也。其余土目，亦与戛诺大同小异，故不再举而论矣。

苗族受土目之愚

土目待遇佃苗，如其家奴然。而佃苗者，亦依之若家主。其佃与苗民之地，准其子孙永远耕种，不得迁易。故此任其加押及数千两皆无契券；信其为数百代不易之石，不宁用券。亦无惧焉！且深信土目骗言曰：契券乌有吾之坐簿稳固乎。列如兹之铜厂沟上下两村地，业已加及七千两；该土目毫厘不认，佃苗无之奈何！

苗族养虎为患之悲惨

当太平天国兴后，李管爷继之复汉，大张减夷！一切土目竟赖佃苗救护！

列如戛诺土目，罗七老爷者，幸赖发路弯朱乡老，藏之于硐，隐之于家，不敢丝毫泄漏，而被害也。及至清军获胜，汉势渐消，其家仆余姓方迎之而归。虽然得救无恙；而庄业券照，尽为龙塘禄土目窃霸，幸有铜厂沟朱暑纳助资一百五十两，与讼入省，方得恢复其庄业，而有今日之荣富威权也，不然早皆灭没矣。惜哉天下均以德报德，独戛诺以德报怨；竟将朱姓子孙，逐出七户，杀死一人，拔地另佃。悲夫！朱姓，养虎为患，伤心惨目，有愈是耶。

又有裸己土目，全幸海跨山(一)苗木丂厂，易为苗童，日与牧牲，避免乱害。苗民共同猎获獐麝，二十七个，用以赎还其庄业，共辅为主。乞（迄）今家身富豪，忘恩负义，上下皆逼佃苗舁行。呜呼苗族之苦至矣。

尚有洮处土目，幸恃核桃平张六厶厂，救汉危，兹已置之脑后，勒索佃苗巨款用以肥己，虽不若戛诺、裸己之苛虐，然则佃苗亦极矣。

(一) 今名爱华山，在贵州威宁黑土乡爱华村。

梭戛[一]恩泽于民之可嘉

土目待遇佃苗之特殊者唯梭戛也。（相传梭戛土目，所嗣之业者，先为苗族所有。其缘系洛才河有姓王者，于罕叶生平乌蒙时，助之有功，承清帝赏之山照，封之业土，使其子孙世袭收租供养，维王姓从军未回，遗有一妻二子，子甚幼不能维持家务，每年纳粮服税，妻自往返缴纳，如是数载，不耐连累，遂托梭戛代纳之；而后为梭戛所嗣有云。）然则其嗣苗族之业，而待佃苗者，亦较之特殊。盖其加重租押，减轻服役，删除苛派；立契券，使历代亦有可考。愿则住，不愿则行，亦可领得押银。其待佃苗也！如主客之平等，决不以奴隶之看待，不第阻止佃苗之进化，而且力扶佃苗之读书，提倡民权，以重人道！其有如是恩德，施以佃苗。然而天武之绥佑，亦不浅焉，于近年来，其能靖定镇雄，施泽闾里，闻名于时。又其公子游外。能服中央大学之校职。功报于国，泽施于民，非善修之效！而能如斯之荣乎！

[一] 彝族陇氏土目，地在今彝良龙街苗族彝族乡。

第五章 苗族著名之人物

名誉无考

苗族自迁移滇黔，入南夷之境，属治于夷族[一]之下，凡是依赖，不甚闻著者也。间有如海跨山之杨姓，洛才河之王姓，虽为清帝平夷之功将，然而已被汉化，而不得详史以稽考矣。兹将知者，略记而志之。

马登科家

苗族家身最大者，唯贵州大定之马登科而已矣。言其佃民有数万户。其次为云南镇雄之陶七大王，其赴京师而迁，得清赏其朝衣朝冠，故于镇雄川，为清季时，著名之一人也。

[一] 文中所述之『夷族』即今之『彝族』。

韩苗子家

又其次者，即麦子坝之韩苗子也。其丢刀落业，得有麦子坝之地；不幸经遇凶年，求氽于戛诺土目，反为戛诺霸吞其产。呈报彝良县，镇雄州，昭通府，云南省，所至皆受贿贪官。不究讯情理，执拘狱中，既受陷溺不释者，弟兄五人，韩大无奈，只得兴讼奏京，候三年，方得讯案，其讯判之法，将韩大与无数人，被卧一室，引韩小至，曰：汝寻获汝兄，则知汝弟兄受冤实矣；韩小无处可寻，胡右一拍，正拍于其兄，兄由卧群众起立；判臣曰：汝弟兄受冤不虚矣，判曰：汝之田畴归还汝矣。于是赏与金顶银凳，由京回里，至云南省，释省拘狱之二弟，则瘦弱难步，敷补金银舁之返家；至昭通、镇雄、彝良拘囚者，无不敷补金银；凡一切贪官污吏者，莫不骂苗子害死人也。此次京讼而还，不第恢复田畴，且为一时之荣誉也。

岑公保㈠

武功最著者：唯闻川南之岑公保，响应曾国番（藩），平息滇黔之乱，得清政府委任云贵总督，为堂堂数十年之大员也。

陶千夫长

其次为川南永宁之陶千夫长，统帅六县苗民，平靖滇川交境，剿匪有功，得清政府赐六品顶戴，亦一时之威风也。

杨姓兄弟

于清同治年间，黔西水城，有小花苗姓杨者兄弟二人，率领苗族□㈡余，

㈠ 即岑毓英，广西人，官至云贵总督，同治五年（1866年）率领清军前往猪拱箐镇压陶春新领导的苗民起义，不知何故，作者把他列为苗族英雄人物。

㈡ 可能漏字。

攻破威宁，戮灭彝良，屠杀汉族无数，为当时枪术之第一，至昭通而返回乡里，霸守二平原，为其所有云。

伪仙祖母

同时大花苗中，有出伪仙者，号为仙祖母。一者住占彝良之龙头山，一者住占威昭交界之薄刀岭。专以宣灭回为标号（盖当时适值回民族扰滇）诱引千余人，截攻回族，大获胜利，抢马百余匹，牵游村寨，尽力宣传圣仙祖显威，惑诱无数男女童儿，会集于薄刀岭，共约三千余人，大举征伐，出发往昭通，至中途，将一豚活割分食，谓食回肉云。至昭坝，与回对阵，将一合，苗将一弩而仲（中）其练头，由马滚下，继后一弩，旗杆折断，该回族大惊曰：仙苗难御，反身便跑，苗族追杀十余里；回族见苗族携兵器者少，专恃邪术随后者众，又大半皆幼弱女子；于是回锋抵触，苗族败退，被回族围困于小老堡；假与苗族将校议和，骗出杀尽，所余军旅，冲围而出，返至薄刀岭，为圣仙祖母主谋者，不容军旅散逃，

逼众返救解围；然而其众不应，解散而归亦。是役也！诱死千余女童，男童亦死数百。悲夫！魔王！好战！受死！诱死世人，流血漂澛，父子难散，夫妻同亡，基督不忍世之死亡，损命换世，以图永生，大胜死亡，而捕执魔王，限期除灭，不亦宜乎。凡主召者，自斯以往，不可再随其诱，自蹈入坑，是至幸也。

第六章 苗族之遗风

苗族之固质（执）不化

苗族之于中原，居汉之先。与汉往来，约五千年之久。亡国已四千六百余年矣。死心不降，失此迁彼，漂流无定，成为无产之民族。衣食自备，器用自成，箪食瓢饮，虽粗鲁亦不怨。拘守陈法而不改，习染汉夷而不化，可谓坚结（决）纯粹之民族也。

苗族三神

苗族之祭神，专以祖神为重；其次则门神山神而矣。其祭神之礼，不第异于汉夷；而各姓亦有所不同也。其祭，分大祭小祭之别。大祭者，以牛献之，一世限祭三次，不得超越规定，首次献牛三头，二次献牛五头，三次献牛七头，微有残者，不能献之。祭时，有三日者，有七日者，其祭祀之要人，共分十四组：

一为长老，二为祭司，三为乐师，四为鼓师，五为歌师，六为总管，七为掌祭，八为厨司，九为灯司，十为屠宰，十一为树牛，十二为割肩，十三为洗脚，十四为队阵，派定之后，各循其职，不得紊乱之也。长者则分上中下，各有特殊位置，居上位者，必善和解，训导，深有经验，方能胜任，故宜选择居之。犹设守望者一人，以防拒邪恶险毒，此人必有高尚巫术，方能胜任。其余若祭师、乐师、鼓师、歌师等等，均有世袭之责。掌祭者，必由长房充当。厨师者，必由姑婿充任，灯师者，必由姨夫充任。屠宰者，必由厨司派充。树牛者，即劫牛也；宜豪勇过人方能胜任。割肩者，母舅充任。洗脚者，婆媳充任。队阵者，长子充任，击牛场，必设于屋前之东面。首日下午，必先排队摆阵于击牛场，本主长子当先，叔伯长子继后，唱宗族献祭歌，凡来宾者，皆随之排队，三匝而后已；安姓则当先者骑马，朱姓则以鼠肉给队啖之，其他皆大同小异。晚上，先由祭司起立，求长老训词曰：祭司由直民隶来，虽曰祭司通晓，其实祭司有所不知者，请在上长老训之迪之；长老应曰：祭司通之晓之祝尔明之。言毕，祭司开始献鼓，鼓师起立，如祭司请求长老训词然，而后方就任，开张击鼓，

乐师也如是遵请，方就任吹笙，与鼓师相和；然后歌师亦起立，如规遵请长老训迪，则就职应和鼓乐。首领开动，递与助领等，继行吹舞，礼毕方由来宾应和，一夜不息之鼓乐歌奏。祭乐鼓歌等师各就其职后，由主母率领儿媳，行洗脚礼，乐师吹洗脚乐，歌师领群众唱洗足歌。灯司必分派四朋，一隅必住一朋，循更次轮流照亮，终夜不熄。亦宜唱灯歌。次日黎明，树牛者必劫牛树以藏之，巡捕者四处搜寻，擒捕劫匪之首领，匪首最勇，一跃而飞似奔去，无人能擒，然后群众包围捕之，擒住首匪，追缴牛树，树之于庭前。上午，屠宰班牵牛入场，祭师持卦，长祭持衣裙，乐师持笙，入场行祭；祭师念祭词丢卦，长祭摇衣裙。（祭男祖摇衣，祭女祖摇裙）乐师站立奏乐。献祭礼毕；屠击牛等，用斧头击牛而倒，方宰剥之。然后由母舅分派其人割牛肩包，乐师奏乐讨肉。（李姓则击猪击鸡各一群；树牛树于击牛场内；负鼓掛于牛场中；以小米糍粑掷于牛场，与来宾争食之，事毕，歌师即领歌对研削牛树，且研且唱，研毕唱毕。乐师即率其乐队奔跑跳舞，且吹且踢，必踢倒掛鼓柱，方领队归回）众皆三日散会，唯安姓必祭七日方散会也。

小祭祖神

小祭之礼，则各祭不同，朱陶二姓，则以雄犬，献于标树之下，为祭师念祭词者朱姓；牵犬屠击者陶姓。必先于庭院以一草索拒（锯）断口舌，同族牵引而过，然后牵入林，由祭师念词，陶姓击犬，祭师抹血插于树下，搭祭坛于树之上面，祭师以腿祭之，然后同族大小共食；唯妇女不得入视也。夜归则献之以鸡，其鸡由族中补祭，凡有家族之祖者，必念及三代以祭之。其他姓者，大概以猪为祭礼；有用祭师念祭词，然后祭之，有为虎狼拖食而祭之。唯张姓则吹箫击鼓与祭之，众皆以母为祭，唯安姓以牝（牡）祭之。

祭门神

门神之设于房侧之东。不需木板，皆以竹编之；既设之后，不得毁坏。每换时，必畜小豚，当夜宰杀，涤水粪污，皆不能携弃于外。心一顿食尽，

不能余至明日。力禁汉语，切不犯言。仅于家族食之，外姓不得参加。闻杨姓女子，亦不与之食云。祭献必由家长俎殂，以木碗七俎或十四俎不等，此献门神之礼也。

祭山神

山神大多设于树后。自许愿后，必禁斫伐刍荛。苟不意而犯之，则村人必死十之八九。其灵威凶猛，赫赫不可犯。每年由村人以雄鸡共献之。噫！魔王之凶暴，不堪忍受矣。供有者，曷不迅速推倒哉。

婚姻之礼

苗族婚姻之余风，异于汉夷远矣。其联婚，有由父母聘定者；有由自由择婚。父母聘婚者，不必抢之。自由择婚者，必先抢而后请媒。礼物则无异。大概先娶而后付礼；其礼专以牲畜为定例。先付者媒布，白苗则先付酒肉礼。其成婚时，不拜天地，不敬祖神，便列阵奏乐和歌而已矣。待生育儿女，再

照例取礼；其礼物有价礼，有敬礼，有舅礼三种。其出阁回门之礼，为往来交情之礼，故不列入正礼也。

新妇的禁戒

新妇之于家，不登楼，不经神堂，坐另有凳，食另有碗；不得与公婆混用也。其青头必留之生育，收而髻之。

苗族的善风

苗族的善风，即女子必习负水纺织；男子宜习耕地编鞋。如为女子，不知负水纺织，则无人娶之亦。最拒其为盗、为乞、有麻疯（风）者。故有谚语曰：盗窃之女不可娶，麻疯（风）之家不可亲，其斯之谓也。

不染汉夷

苗族于汉夷中，杂处已有年所，不习汉夷之祭偶像，烧香化纸，求仙拜

佛，买妻妾，买奴隶，抢杀偷盗，贫赌诡骗等等恶习；更不忍为最耻之乞丐，亦苗族之特长也。

苗族败风

其最贱而不知耻者，即花房柳行，男女赛歌，好酒淫色。此等丑行，不但有害于风俗，也有碍于人种之繁殖，幸有基督之恩德，化而改进之，亦千万之幸也，有诗曰：

苗族祭神独祭祖，门神山神供为主，
拒汉拒夷不染习，专以苗语为神喜，
四千余年隐入山，风俗虽坏迷不深，
一旦豁得主开德，涤习去染改维新。

第七章　花苗被赎之禧年

苗族失文的缘起

苗族黑暗，历有四千六百余年，所有文字文物，悉成衣裙花文之装饰矣。列（例）如花衣上之槽字『井』，蕨字『⩛』，裙上之『T』字、一字、工字、点字『◈』、蛙『卄』字等何尝不是文字乎。其所以不适用于文字，而专以用为装饰之花纹者，疑为不复有国，不复适用于公文，男子肄业亦无益，不如女子谙习，绣纹而披戴之，以纪念亡国之惨状而矣。由灰心而不适用文字；由文字灭而文物倒退，日愚于日，而堕落于万族之下，其不灭而希遗者，亦天父之慈怜而存之也。

苗族为中国前车之鉴

故孙总理曰：中国非以三民团结民族，扩张民权，实行民生，养育孤寡而加增人数，则必受西洋政治、经济、人民三大压迫，无形而消灭之；如苗

族之于中国，已无形而断绝血脉然。其言之确据，足为中国四万万之鉴戒也。然而苗族诚为中国前车之鉴，亦可为中国今日之模范焉。何欤？盖苗族落伍于汉族之后，已距若天壤之别；其赎期既到，天父开恩赎还，基督救光临照，一日之间，欣然趋向文教，不问其阳教阴教，总信为救星已至，争先恐后就教设学。方甲辰年间，不辞跋涉之劳，不惧千里之苦，蜂拥成群，趋安顺，赴昭通，终日往来，络绎不绝，以致汉夷莫不惊动阻滞，散谣陷害，谓苗投洋卖国，放药毒众。于是受拘押者有之，受鞭笞者有之，加重处罚而驱逐者亦有之。

趋进文化

种种恶刑之威骇，终不能阻止其前进。翌年柏牧格理大兴学校于石门坎；收入苗民子弟数百名。越五年而振兴高小，选流（留）成都华西大学。而继有王牧树德之培植，有流（留）学汉口者，流（留）学贵阳者，流（留）学昆明者，流（留）学南京者。于是，由医科大学卒业者有之，文科大学卒业者有之，政治大学卒业者有之，神学大学卒业者也有之。中学卒业者数十，高小卒业者数百。甚至愚夫愚妇莫不识字，失学牧童莫不就夜校习课；稍有知者，莫

不充当村夜［校］义务教员。三十年于兹，以有半化之起效。其进化如是之速，非造化者之能，孰能为之乎。由是观之，奚（稀）奇欧美四百余年进化之新国家，压倒五千余年文化久存之古国乎。

上帝左右世界的大权

先儒云：顺天者存，逆天者亡。可见天命縻常，由其左右，人不得循而顺之也（经云：凡遵吾命者，吾必赐之权，使之制服列国，执铁杖而击碎之）。今执铁杖而粉碎天下者，非欧美而谁乎，就其所以然者，均自十五世纪卫立马丁之改革而致之也。凡遵基督相爱乐施之训诲者，天父无不扶之以驾其上。左右之能，易如反掌也。愿我国各族同胞，不可为投洋教乃卖国之耻。自古及今历史，未见基督徒之卖国，唯见基督徒牺牲之救国也。基督牺牲其命而恢复天国之永生；凡为其徒者，必效法其师，力以恢复世国也。如洪秀全毅然不畏之争持，孙总理勇然不退之全胜，岂有卖国者哉。

卖国实据

其卖国者，孔孟之徒也，若袁世凯之篡夺民国，康有为之恢复清帝，汪

精卫之降入日本，皆公名卓绝之大儒，而及为卖国贼，民之罪魁；不怪其如是之颠覆，观史见其师亦徒言一时而无见其效也。故宋儒之多，一徒一时之文论，国危而不知顾，国亡而不知救。盖基督有死而复生之权，信必能使中国由死复生无可疑矣。何以知乎？

苗族为中国复兴之模范

汝视四千余年血脉已断绝之苗族，今得基督之灵气，有由死而活之现象矣。如果中国一致趋向基督，如彼得保罗等之坚忍耐劳，杀身成仁；人人抱有义务文化之责任，模范于苗民，吾意中国之不复活者未之有也。故曰：苗族果为中国前车之鉴，也为中国今日之模范，岂不宜也哉。

劝苗前往

自今以往，苗族赎回，既已脱蛹，不再覆辙，益懋前进，巩我华族，张我荣显，创我新世，是至冀也。

第八章　苗族得道之初步

由安顺得道

岁在癸卯（1903），孟冬之期，于贵州郎代[一]县懒龙桥村，有花苗张姓兄弟二人外出游猎，前至安顺，闻谣风四起，皆语苗族于安顺城内设塾授课，其女衣裙，深似苗族，言之纷纷，难辨真伪。于是二人入城视之，访得福音堂，放胆入窥，党牧居仁问其来由，遂一一以告之，党牧闻之喜甚，但见二人，身衣花衣，足着藤履，背负蓑笠，殊觉奇异。怡然问曰：汝等能读书否？二人曰：我苗族自无读书，未知能否。党牧试与赞美诗读之，七日能终数篇，记忆清楚，牧师悦极；赐伊新名，长为雅各，次为约翰。二人归还，授其村众，闻之无不乐读。村友相约十余人，复至安顺读之。然后有来威宁ㄅㄚㄥ[二]言之；

[一] 今贵州安顺郎岱县。

[二] 为注音字母拼写苗族人名。

闻者，莫不欣欣然而响应之也。未几，威宁、彝良等苗族，络绎不绝，趋往安顺；认为苗族长兄，特来扶之读书矣。

转荐昭通

党牧视往者日众于日，谓曰：汝等往昭通如何？众曰：不过三四百里而矣。党牧于是缮荐书与ㄅㄚㄙ、罗大以理[一]、王彼得并葛布张保罗等，持返昭通，送于柏牧格理；柏牧师阅信喜甚，曰：前二年吾经茅坪歌奎等地，遇汝等阿卯甚多，问从者，曰：此苗人，遇暗之极，徒然训之，枉费力而无效也。兹亲觌训诲，何尝愚暗。于是厚待若亲族；以劝世良言赠之教之。因此一遭传布全苗，忽然返向昭通求道，日往返数百人，络绎不绝。

大闹风潮

维时大闹风潮，谗苗领取洋药，四散毒众。遂遭土日（目）加严禁止，将各村苗族领袖，束缚拘押，鞭挞拷问；尤烈者。

[一] 文中另有『罗但以理』为同一人。

戛诺严禁阻止

戛诺土目，捕执首领六人，即籤箕寨陶本、李根，树木柯王慕，关帝平汪孝，铜厂沟朱有敏，坛罐缶张考等，拘押七日，酷刑敲问，逼之具切结，不准再违切据，如敢甘违者，则抄家遂出不贷，等等严禁。

梭戛宽洪（宏）不信

独有梭戛土目，宽洪（宏）不信。有假用蒿草为毒药，以之禀报梭戛土目，该土目尝之而不见毒效，即将被陷害者释之，反惩其诬告者。据言当时诬告最厉害者，即古林寨之张乡老云。

戛诺下毒手

不幸于甲辰（1904）之春，有夷族余故租者，妄报于戛诺，谓铜厂沟朱暑纳实行放毒，如不迅速驱逐，及有害逐之无益矣。土目信以为然，欲逐出朱姓。

柏牧解放苗族

朱姓着急，逃往昭通，将情报告柏牧，柏牧遣王保罗、李司题文（昭通秀才王、游东洋李）直接与土目交涉，解放苗族之压迫。苗族大悦；咸集数千人于铜厂沟，欢迎二位教士，人山人海，欢乐聆道。

苗族初步读书

于是二位教士招选苗族子弟十余名领入昭通读书。即张约翰、朱多马、朱腓力、王胜魔[一]、李善、陶岛、朱清、王基甸、张元才等是也；然后又由威宁加入昭通读书者即杨雅各、朱彼得、王道源、王德道、王观等是也。自斯之后，苗族放胆往来学道，稍获自由无阻。

苗文字母之初创

柏牧师与李司题文，为造就苗族之计划，以一笔之字母编成苗文，用以训练苗族子弟；恐难记忆，遂以字母取学生之名，日呼而熟练字母，此亦先

[一] 文中『王胜魔』与『王胜模』为同一人。

生善教之法也。故有名『厂』[一]者，即豹之意，诸同学见『厂』来皆曰：豹来豹来！名『厂』者深觉不雅，即至司题文先生前曰：我名『厂』殊觉不雅，请先生易之。

苗族学生之初得名

先生笑曰：兹汝名张约翰，最雅最美之名矣。此苗族学生初得名之一人也。然后方次第易名为杨雅各、朱彼得、朱多马、朱腓力、王道源、王德道、王胜魔等新名。苗民学生，初授之课，除苗文外，汉文则以真理便读三字经为课本，一切用资皆柏牧公费。不觉一年已终，众皆放假归家；唯张约翰则依依不舍，逗留不归，柏牧佳之！即约李司题文张约翰共同译编花苗一书，此花苗文字初版之始出也。

又继翻花苗天歌；其初译之一首，即耶稣爱我我晓得，以笔书散全苗疆，众皆欢欣乐唱，优雅可爱。此苗族学道初步之大略也。

㈠ 注音字母，音『喝』。

第九章　苗疆开工建堂之起始

柏牧寻得石门地基（1904）

甲辰年之冬，柏牧出游苗疆，查其中心地点，以便建筑会堂；而资教会之基础；且周游土目，以申苗民信道之情形；而免阻止之妨碍。此一游也！查知石门坎（今贵州威宁县石门坎乡），为苗族之中心；而石泥之建筑，瓦砖之陶缶，无不便利，煤炭之充足，柴水之近便无胜于此矣。后有高山，前有壁岩，左右皆沟涧包围，双龙抱柱，风景胜于此者亦无矣。又得此处土目之欢迎，赠与地皮纵横二百丈。诚为上主为苗族预选之美基也。

开动建筑（1905）

己巳年柏牧周游各村，宣传捐资，苗族闻之，莫不踊跃乐捐，有应酬不暇之势。鸠工集材咸族攻之，不日成之，无不与之皆乐。汉有王保罗、苗有

张约瑟、潘显昼夜不寝之工督，尚有张约翰不暇应酬之记账，杨雅各、朱彼得等披星戴月之运资。各尽其责，不敢怠情一时也。

落成设校

会堂落成，宿舍并出，学校也随之开办。任校职者李约瑟，学生骤然有百余名。其中有王乡义，年足五十，热忱攻书，为众苗族年长之领导，后易为王西拉，为苗族开工建筑之一人也。又如张文、杨秀、杨支、王宝等亦为当时录用有名之人也。又有张义潘邦，为当时有名之女执事。

开初课程

开初发蒙，读路加福音，讲创世纪与出埃及记。然后正式上课，则改用王亨通(一)所著之《蒙学捷进》课本，此书真能补助儿童之识字，诚不愧为捷进之名也。

(一) 昭通汉族名士王玉洁。

苗要汉名

苗族自古有汉姓而无汉名，故大小都称王大、王二、张大、张二而已矣。柏牧见之，深不便呼。于是宣传以取名字为美，苗众闻之，莫不请来柏牧取名，然因不识字，易于忘却，反复问之，牧师也不能如许之详记。于是命司题文先生缮写简字，散与苗众，得义字者则名王义，得道字者则名张道，苟有忘却，即将字与先生视之，则知其名矣。此柏牧与司题文善有机变赐名之法也。如是不数周而苗众无不有新名矣。

党于葛布开工

当此之时，党牧亦于葛布开工建堂。遣青苗弟兄杨旗武先生，为监督指导，热忱训诲，再得该村张保罗，竭力附（辅）助。不数月工竣，与石对峙，成为威属花苗之二总堂矣。唯党牧不以柏牧发明之文字，为教授之基本，仍以汉文为授本，故唱诗祈告，多用汉语焉。

汉族职员

石门坎开工传道之人物，汉族王保罗、李司题文、钟焕然、刘申武、吴旭初、梁富成、夏（士元），回有马才富等；专任学校者即李约瑟、刘映三、郭明道等是也。

苗族职员

苗族始初训练以充传道职员者，即杨雅各、朱彼得、张约翰、朱多马、朱腓力、王道源、王德道、王胜魔、王乡义（即王西拉）杨秀（即杨西西）、张文（即张马太）、王实（即王基甸）、杨支（杨亚波罗）、王起头（即王大卫）、朱约翰、朱党等。由热心之执事补充布道者：即张提多、吴平、王基、张约瑟、张犹士都、杨信、吴吉、张得救、苏圣卿、王马可、张科、汪孝、张元才、安永清、王约翰、王仁明、朱提、潘耀朱叶、赵习、张梧、王才富等也。由学生录用补其不足者，即张新明、王英、苏兴、张文、王宗耀等是也。

葛布职员

葛布初认传道者，皆苗族热心之教友，即张保罗、罗但以理、王以西结、张马可、王彼得、罗所、罗巴伯、王以诺、陶约书亚等是也。最有胆略，有热忱善辩善交，而维持教会护卫教友者，张保罗也，继张保罗热心维持者陶约书亚也，此二人为葛布特色少有之人焉。

长米二堂

石部最先开拓之支堂者，即长海子㈠、米耳沟㈡二处也。长海子建堂地基，得摆迤土目乐送，深有感情之酬谢。唯米耳沟建堂地基，则戛诺土目，刚愎不允，以致与讼入昭通府，第因当时领事有裁判权，土目不得已而应之。然心实不服，遂指使其爪牙朱团总，连纠匪类，反叛教会，幸先期事泄，李司题文函通彝良知县，速行扑灭，事乃中止。然而该土目，不能与教会作对，遂诬陷米耳

㈠ 今贵州威宁县黑石镇属。
㈡ 今云南彝良县龙街苗族彝族乡卓基村。

沟吴暑纳，谓私赠地基与教会，于是执之私刑敲吊处罚巨资，逼之照租清纳，以前于政府情让，毫不承认。呜呼，土目真灭良心，刚愎若法老之无异焉。

继建三堂、分设支堂

长、米二堂落成之后，亟需修筑西店子、落布甲、天生桥三堂。于是柏牧先后委钟、夏、梁三位，易任长海子校职兼传道，王保罗于米耳沟监督建堂，李司题文传道，张约翰助之，郭明道先生任校职；学生有百余名。王西拉于西店居子督工建堂，朱腓力任传道，韩约任校职。朱彼得于汤锅寨经理木料，兼建筑落布甲堂。天生桥则附石门坎委员监视之。牧师驻占石门坎，杨雅各附（辅）助传道，翻译苗文。每年两次，出巡视察。李约瑟专任总部教员。学生有百余名。然后由石门坎分设青树林、海跨山二堂。由长海子分设龙井、磷（凌）子河二堂。由米耳沟分设瓜店子、拖姑麦（煤）、芦茅寨、落尾坝、黑桃弯、凉风凹五堂。由天生桥分设卢家营 、切冲、海枯、木槽等四堂。由西店子分设龙树、白岩脚、山木林三堂，前后共建二十三堂，皆兼办学校而重人才也。

洒布山得道（1906）

丙午年有武定洒布山苗族，因染麻风症，闻昭通有黎医生能诊视云，故至昭通视病，柏牧由之访得武定之花苗也属不少。于是柏牧由云南亲往武定，察其确实，欲开办之。于是郭牧师㈠亲临石门坎，请求柏牧赐武定花苗与之成办，一切会务，由柏牧指挥，传道教员由柏牧委派相助，柏牧喜甚而允之。于是派朱多马、王道源、王胜魔、王西拉、朱有原等，助郭牧开办武定教会。然后轮流委派王基甸、杨信、杨亚波罗、张科、张约翰、朱党、张元才、王仁明、王约翰、张新明、王英、朱约翰、王武、张约瑟、安永清、朱提灯相易补助。末委朱腓力连任七年而还。委郭明道为洒布山校长，杨荣辉为教员，成立高初二等。后继杨荣辉职者王必信也。

洒布职员由洒布山热心教友举任传道者，即：马爱福、马有福、张怡福、马齐心、张德道、张有名、龙凤鸣、王德美、张信爱等是也。

㈠ 郭秀峰，澳大利亚籍传教士。

洒布支堂

开设支堂有大箐、乾坝、白丫口、环州、茂林乡、旋凹塘、大水井、牧养、余嫌县等九堂。因苗烟稀少而传遍十县矣。此苗族开工建堂之大略也。

第十章 苗族之受魔王试探折磨

主会大兴

未经三载，而教会普传花苗，且热忱学道读书，每礼洗数百，未几已达数千教友，与昔之使徒教会无二。然则其如是之昌盛，于上帝则喜之无厌；于撒旦则忿忿不乐。于是撒旦图谋间计，与假先知引诱苗族。

假先知出

丁未年（1907）于ㄅㄋㄒ有女先知出：宣传其道，唱歌惑众，谓甲年申月申日申时，救主复临，救其苦寒之子女，入天堂享安乐，有无限之福矣；设立门徒，四散宣传，劝人不必劳碌耕种，坐迨福乐云。

维时于木槽亦有一童女兴起歌唱：劝众待等主之福日。继于彝良海枯，有韩海者，亦兴唱基督复临歌曰：来兮来兮，大众听兮，天使唱歌优雅兮，基督复临光荣兮，接其儿女享福兮。自言其为男众之指导云。经此等诱惑，无不坐待戊申（1908）之福乐，罢工休息，日聚唱歌，殊知至戊申年，申月申日申时，亦不见基督之复临，不但失望，而消尽家财，吃尽种粮，错过农时而不济，以致被诱受饥受寒者，不甚（胜）枚举。因此诱惑而弃真道回其旧辙者，亦不计其数。又于辛亥（1911），于铜厂沟有陶出孝者，亦言得上帝之默示，使之治病诲人，劝人悔改云，于是传集村人，宣讲上帝慈怜之恩，其嘴不住念可怜二字，其小姨原系瘸腿，于是召其岳父，跪于其前，逼之承罪，以得赦宥，而治愈其小姨之足，其姨虽不善走，也能行矣。自言曰：上帝必升高其尊荣，较孙文、袁世凯超越百倍云。故信徒者，也不乏其人。然而未几，心反冷淡，引人违弃上帝。以致人人轻藐真道，以为与古之圣仙祖无二，必诱我族白亡云。因之灰心背主者真难屈指，自背主之后，再劝不复。呜呼魔鬼真诡诈矣。

柏牧受难

魔王既如是至诡诈，如是之奸作，以致人于未料而被诱矣。然则终不能尽诱，总有十之七八坚信不疑。于是魔鬼，专计陷害柏牧，以阻苗族勃兴之前途。于丁未（1907）年，柏牧出游西店子，转道勒米村。有夷族苏黑宝与苗村王寨头暗计，谋害柏牧。柏牧与同人等至半夜闻炮连响三声，柏牧曰：炮何之响乎？寨头骗曰：夷族祭祀，故响之无可惧也。待至于不料间，黑宝统队，围困柏牧于王寓，无路可逃，任擒之凌辱殴打，几至亡故。随者披星戴月，分途报信，朱腓力奔昭通知府，王西拉奔永善知县，王马可等候守柏牧。天晓日出，二处救兵已到，执捕苏黑宝，定无期徒刑之罪。舁柏牧还昭疗医，幸天父不亡苗族，使柏牧苏醒，数月而痊愈矣。有报柏牧曰：王寨头奸贼，理应与苏黑宝共刑；柏牧惠然曰：天父赦吾罪，吾宜赦伊罪，独执苏黑宝足矣。

会堂受毁

又明年（1908），有李金山由西店子起乱，持顺清灭旗号，任意烧杀掠掳，将该福堂烧毁之无余，教友被劫一空，该教员韩约，欲奔逃回昭，不幸于洒渔河，被李匪之众擒之；将欲杀之以献旗，忽然昭通救兵已至，救活韩约。呜呼，其不死亦间不容发矣，此非上主之恩救，岂能若是之恰哉。

拒绝安息

是年（1908）戛诺土目，顺其恶魔之纵性，强逼苗民不守安息，特于是日，加工劳作，如敢抗令，必逐出其境，众苗皆含泪忍受而从之。唯铜厂沟热心爱主之朱题，不惮暴君之虐，直驱土目前，恩求免之。可于暇日，补足其缺，至于主日不敢冒犯。土目不唯不允，而掌击朱题之嘴，以致数日不能食饭饮水。是夜土目外出便溺，忽然一阵暴风，旋击其嘴，大疾而歪之，数月皆不愈，然后请医诊治，用银钩正其嘴，久之方能复原。由此一举，苗族微有自由守

主日矣。主曰：复仇在我，诚哉斯言也。

教友受灾

越三年，戛诺土目指使其爪牙，任纵敲打苗民，不幸于铜厂沟教友王必平者，卖薯于皲迤街，被土目家奴赵六斤殴打逝世；此日朱青领众运缴租纳；土目以为不运柴而运租，反其令云。于是罚股三百；鞭足不能起行，同行者负之还家；朱王各哭其人，无之奈何。再三踌躇，唯有报告柏牧，能否施行拯救。柏牧闻之，恻隐大发，遣杨雅各披星戴月，往铜厂沟，观察实情，具禀彝良政府；知县吴邦屏受贿不理，柏牧转报省政府唐公，知事畏惧，方了和人命；逼土目缴凶手，偿人命一百元现金，罚土目五百元入公，案方了结。然此一举，已惹激土目之怒，积仇尤深矣。迨柏牧逝后，大行驱逐朱王二姓；悲夫朱王！弃祖宅园圃，逃无所逃奔无所奔！上天无路！下地无门！含冤莫申！诚可怜矣！于是有朱层者，无所可归，被其爪牙活殴而毙死之，叙之惨目，言之伤心！泪珠汪汪！不尽其拭。唯望我天父，大发其恤，增慰拭之而矣。

有诗曰：

基督原是除魔鬼，魔鬼终久不自悔，
偏偏要与主对敌，苦苦折磨主圣民。
三次摔下的魔王，一次毁尽的夭亡，
受汝之害真不浅，吃汝之苦永难忘。
含泪冤冤无人申，祷磬芬芳激主心；
限期惩处日已近，我等忍受到时清。

第十一章　苗族大得主恩之扶植

柏牧回国张牧替代

丁未（1907）之秋，柏牧身伤痊愈，拟定回国，托张道惠牧师，代理会务，改编传道方式，列表轮流代领礼拜。日行路程，二百余里，东西南北，分路代领，虽奔波之不息，然为主上者亦无所厌也。

乡村传道

戊申年（1908），张牧召集乡村传道员，加入服务者，共计七十余名，最惜者天皆农民，目不识丁，亦无训练，间有难免其错失，亦后不少。故张牧为之劳动不息，也不甚见其效。然而其师母善训苗族，改善妇女之装饰，为苗族妇女所敬重者也。

召四校寨考

己酉年（1909）柏牧复任。召集石门坎、长海子、米耳沟、腰（幺）店子四校，咸聚石门坎考试；任石校教员李约瑟，任长校教员钟焕然，任米校教员刘映三任腰校教员吴开阳，皆睊睊而望，不知鹿死谁手。结果多识字为米校第一；各科热习，礼节整肃，皆推长校为第一。钟焕然功勋出众，柏牧升为总校校长，选提各校优秀子弟集于石门坎光华学校，成立高小；附设初级，建筑高级各一所，寄宿八舍，大兴教育，易吴开阳于长校，李约瑟于腰校，刘映三仍任米校。委任朱腓力为长海子传道员，朱多马为天生桥传道员，王大卫任腰店子传道员，张约翰为米耳沟传道员，朱彼得为罗布甲传道员，张马为西店子传道员，吴平为炉茅寨传道员，张提多为拖姑麦传道员，朱约翰任龙井传道员，张约瑟、杨雅各、王基殿三人任石门坎传道员，其余则分散各处，补助传道事务。杨雅各兼助柏牧，翻译苗文，出版花苗天歌，花苗颂主圣诗，花苗一二三书，圣经问答、马可约翰二福音之单本。新约全书则柏

牧给诸传道者，分工翻译，牧师校订之，另开教会。

己酉、庚戌年间（1909–1910），柏牧不第扩充学校，而亦大张传道工作，遣派杨亚波罗、张得救、朱多马、王基甸、王基、吴吉等开办寻甸县果普族㈠教会，设有大凹子、绿荫塘、矣且库、濡冷躲、马戛、黑山、启海等七堂。又派朱党张猶士都等，开拓川苗教会设有镇雄、威信、王共县、均宁、盐津等五县支堂。每设支堂，必兼办学校，培植人才为重要。

选生留学（1914）

辛亥年（1911），柏牧提选王定安、杨荣辉、张仁、王爱福等四名往北京留学，至半途闻革命风潮而返。越二年（1913）复选王定安、杨染蕙、王爱福等三名入成都华西中学肄业，又明年（1914），继选王快学、王凤鸣、王霄汉三名同入成都华西中学，其未留学者，概当教员。凡有支堂，莫不委派教员。

㈠ 彝族支系。

委派教员于本部

于是委张仁、朱朗清任石门坎初级教员，委王必信任女学教员、委朱果成任长海子初级教员。委王英任米耳沟初级教员，委韩杰任青树林初级教员，委马武任天生桥初级教员，委朱家美任龙井初级教员。委王聪彗任腰店子初级教员，委陶敏政任芦茅寨初级教员。委吴永清任西店子初级教员，委王勤学任罗布甲初级教员。委雒树鸣任落尾坝初级教员，委杨锦方任拖姑麦初级教员。委罗沛然任龙树初级教员。委王提摩太任核桃弯初级教员，委马俊任磷子河初级教员。此石部初任教职之人员也。

委派教员到外地

委杨荣辉至武定撒布山补助郭明道任初级教员，委朱亮成任寻甸大小井初级教员，委韩理源、朱本仁、王联科、张明、张德明、王安息等充任寻甸果普教会初级教员，委任张新明、吴文广、陶明洋等任川苗初级教员，此委

出外部初任教职之人员也。

全校集考

乙卯年冬（1915），石部全体学校齐集石门坎试验，共计五百余名；夺获锦标者米耳沟王英先生之学生也；次则长海子学生，诚为花苗初步竞争兴盛之时期也。

柏牧之热忱

夫当时之柏牧不独殷勤于教会，亦兢兢业业于学校，真为三载考绩黜陟幽明，故其所办之校，无不渤渤而兴也。兹之滇东川南黔西之土民，骤然而进化者，无不沾柏牧以上帝之恩泽而灌溉之也。厥功之大，配于使徒，芳流永世之不忘矣。

第十二章 柏牧有基督之真像

柏牧容伟

柏格理牧师，虽曰西人，而其容相，殊与华人相似，身躯不高，面伟容笑，喜着华装，好衣花衣。故其与汉者汉族，与苗者苗族，与夷者也可为夷族也，不只装式可扒，而语言亦无不贯澈也。故其言汉语，果为汉族，其言苗语，果为苗族，其言夷语，亦果似夷族也。（基督之与文士居则文士之上，与税吏则与税吏共食，与渔夫，则与渔夫共劳）此柏牧能为之也。柏格讲道善能向时夺势，易入闻耳。故凡所至，闻柏先生之名，无不引领齐集而聆其讲道也。不得基督之灵，岂能如是之善讲焉。

柏牧爱孩提

柏牧所致之村庄，儿童成群，拥后，及入室，则其一一怀抱，按手于头，

为之祝福，施与果饵糖饼，训以诗曲故事，共唱共言，若基督爱孩提之无异。自遇牧师，为数也不乏；然若柏牧之爱孩提者鲜矣。

柏牧善劝和睦

柏牧善劝人和睦，间有口角，经官府均不能解决，至其前，则数语而表明之，二面皆遵从和睦矣。不仅苗民，而汉夷土目，被其劝和者亦不少也。

得逐鬼之灵

柏牧又得基督赐与逐鬼之能。凡一切巫术者，自证曰：伊等至柏牧前，则一切鬼魔去之无踪影，再经祷祈主逐赶，则不能行其巫术矣云。

得移山之信

柏牧又得基督赐与移山之能。于朝发洞对前之水炉上，有泉自磐石出，柏牧自石门坎往米耳沟，有米炉二堂的教会数百人咸集河边，迎接牧师，牧师领孩童群游玩于有泉之磐石上。牧师对泉水曰：自古以往，汝不可出于此矣。

日后，往此经过这，见泉水果不出矣。及至今日泉仍不出也。如昔日基督咒无花果无异焉。

善敬老人

柏牧不单爱孩童，尤其敬重老人。每至冬至必开老人会，或宰牛，或杀猪，请凡六十岁以上者，无论男女，皆来宴会，各尽其意，述讲故事。每年皆集数百老人，至石门坎宴乐。可谓老吾老以及人之老，幼吾幼以及人之幼，此柏牧实行之也。

引民爱国

柏牧又善引导学生爱国。于辛亥年，革命起义，柏牧趁此引导苗民有爱国知识，钟校长奉令宣传，激励学生为宣传劝捐员，劝勉苗民，捐得助国金五百余元（现金）相助滇省之军政府。为数虽微，然则亦可证苗族之爱国矣；如非柏牧之善导，为苗民者，安能知是乎。基督曰，该撒者奉之该撒，上帝者，奉之上帝。又谕彼得钓鱼获金纳税。可知基督不独重天国，而亦重世国；

故此柏牧导苗族实行之也。

实行拯救

雅各书曰：有信心不若行为之美。观太廿五章卅一节至末节，基督论功之赏，皆以实行怜恤为第一；故柏牧决不虚慰。有受土目之酷虐抑地方苛征者，求之拯救，皆曰：无惧，汝回事息矣。果回至家，则柏牧函致交涉而事息焉。素习如是之救苗民，民敬如父，尊如上，感激其德，永及千秋。兹仰柏牧之救，则不能德矣。美哉柏牧之功，其荣冕之赏信不浅也。

提高苗族

柏牧提办苗族，其目的专冀苗族与汉夷平等。初设校时，尝励学生曰：汝等奋勉，不数年即为老师矣。然当彼之苗族，视如永无老师之职，疑柏牧妄言过分矣。殊如其言，未足十载，果出四五十老师焉。又于民国纪元，有谓苗族必改进，与汉同化。柏牧曰：不可！兹之中国，为民族共组之中国也。恐后于中央有大任者，则苗族无名矣。苗族者，中国原有之土人也。已存如

许之多年，皆不亡，今不可自亡也。闻者皆信以为然，而废此同化之问题矣。

善救罪人

柏牧善能赦宥，扶助罪人，不复沉沦。有名王慕者，原系传道，偶然不慎，而犯淫乱。三十余位传道士，决意诛此不轨之罪人，唯柏牧威恩而待之，且呼侍其旁，曰与之行，易名为马可。众心不服，柏牧慰曰：尔等为吾所钦佩之圣洁志士，尔等能节制自身，克己而行，不必曰与我；唯此放纵，不知克己之犯人，如非柏牧所助，则欲沉沦矣。兹柏牧救一罪人，犹主之寻获失羊焉。奚有不乐者哉。

众传道闻之，莫不感激其善德，与基督无异。自此之后，不但反对，而且归依伏法，而钦赞不已也。

改正人误

柏牧善破人之疑误而改正之。花苗习言人死，则曰：归天父之家矣。柏牧尝训曰：彼归彼宜行之路，宜至之地，非归天父家也。夜闻犬吠不息，俗

曰咬鬼。有人问柏牧，答曰：非咬鬼，乃咬天使也。当夜时天使下降，巡察世人，护卫天父之儿女，犬见而吠之也。如是之善改正者鲜矣。

改良风俗

柏牧力改良苗族之风俗。例如婚礼、丧礼、祭礼、节礼等坏俗，柏牧以文明仪礼代之。使配婚喝茶立庚为据；丧事则唱诗祷告而葬之，祭礼则易以礼拜上帝，集会祷告，以洁净之心，献祭与主。易端阳节为学生运动会之日，冬至节为庆贺基督圣诞之日。改除嫁娶交财之重礼，与早婚之害，并减轻红白之礼送。苗族亦无不乐而遵守之。盖此简单朴素，深合苗民之适用，而成使然之仪礼，不再由政治而化之也。夫嗜好一事，为中国民族之深染幸得柏力拒之，久成习惯，虽有拘守不释者，亦寥寥无几矣。

沾泽不忘

花苗教育之普及，文明仪礼之先登，竟由柏牧改进之伟功也。凡有智者

岂敢不拳拳服膺而敬遵者乎。

柏牧逝世

不幸于丙辰年（1916年），因石校诸生发染热症，柏牧不分昼夜而诊视之，诸生倒愈无虞，而柏牧反染重症，于仲秋而卒，寿适花甲。数万教友，莫不咽咽而泣，丧柏牧愈于丧父母哀哉！苗民泰山已倾，将何所依，悲夫！

为苗流泪

柏牧将逝，连续叹曰：我的教会！我的教会！我的阿ᒥ幺（卯）！我的阿ᒥ幺（卯）！师母曰：汝四子！柏牧不怜，而独为阿ᒥ幺（卯）流泪！可想柏牧扶植阿ᒥ幺（卯），尚未达其志，焉有不自勉，而达柏牧之志，以慰柏牧而共享新天地之义乎。诗曰：汉语五百而王兴，苗则四千方得兴。总之一旦苦吃尽，神人自天来振兴。柏香建筑锡安殿，柏牧兴造苗族殿。上主悦纳柏香馨，尤其喜救奴隶佃。

第十三章 柏牧信任之传道士

柏牧善能用人，不论其聪明愚拙，善讲笨口，均一律信用之，其用之法，亦甚特别！为人所不能计划者。故其用莫不适当其职。亦无不合人心之钦服。如是之善能用人，见世者有几许乎。

开苗疆王保罗

其用以开苗疆，办交际者，王保罗也。据言王保罗于清季，为昭通府署之官吏，行为甚是凶暴，往往持刀，暗与柏牧同坐，欲谋刺之，如是数次，皆不能动手，似觉柏牧有大威荣，压倒其凶暴之心，不但欲刺柏牧，反而被柏牧感化，洗心归从基督矣！其为人，善言不畏，直诚不虚，待人宽洪，救人急切，故柏牧所至，无不皆往，辩服一切土目。柏牧以道服人，王太爷以法制人。无论汉夷伸粮，遇有抗傲者，照法送之入官，如斯之治，方能解除苗民之专制，

得以自由造就而有今日之效果也。戛诺为首恶之土目，狡猾多端之狐狸，故柏牧特委王太爷督建米耳沟堂。土目心虽嫉妒而不敢欺侵，以致落成亦无事也。

教授苗文

柏牧用以引导苗族，学苗文诗，读苗文字者，李司提文也。据司提文先生，乃留日之书生，故西学富饱而有余，犹如西人然。于是善学苗语，翻译苗诗苗文，乃天资聪颖，自然使成也。且伪称青苗，以便得苗族之心，故苗族皆称之曰：苗同胞。久之方知其为昭通城人氏也。据言李司提文，初信佛教，热心念佛求仙，竟欲达成仙之目的，殊知克苦身体过甚，而伤激脑神，若癫狂然，幸蒙柏牧劝阅福音，训以真道，自此去假归真，而狂病已愈，一心认基督为救活伊之救主，认上帝为改造伊之天父，认柏格为劝伊归善之义父。虽经父兄之骂，朋友之笑，亦不惧惮不羞耻，人人呼先生为李耶稣，先生反以此名为荣耀难得之圣名，且竭力劝改其父兄，父兄不久亦归从基督矣。先生长于学问，故文学、数学、道学、体育、曲谱、英文、苗文无不兼优，尤其特者，

草书之墨飞笔舞，罕有之人物也。先生之乐器有风琴，有圆琴，有二胡，有琵琶，有笛箫，无不精习优雅，可为当时中国特有之新人才矣。其教授之法，喜单级，不愿复级。其教音乐，先注重基本，然后训之以节拍，又爱授以四音。可惜当时之苗族，黑暗以极，鲜有承受先生之善教。其翻译苗文，圣诗，亦不止数十首；甚至将国旗赫赫悬当中之一首（当时革命新歌），译为苗文。其大意曰：（我不论走哪里，要随从我的主，不可说一句恶言，欺侮弱小的人，天天要祷告主，改化一切恶人，如是方能救世人，得我天父的宠爱）。据此诗的意义，即当日先生见苗民受土目之专制，不忍其苦，而发恻隐之诗词也。

丁未年（1907）司提文先生奉委于米耳沟任传道，而兼授学生之圣经、诗歌、体育三科。每夜授经，必使学生效其演讲，亦得其者不少。一日，先生问曰：汝等诸生，各抱定何志，请立誓而遵之；有谓传道者，有谓作师傅者，唯王定安曰：我必做官。先生喜甚，愿定安能达官职。可惜神童志高而幸而短命，悲夫，英雄之志。

戊申年（1908）先生委绥江传道，深获该地教友欢迎。挽留于彼数年，

方回昭任务。

丙辰年（1916）先生奉委彝良传道，不幸于是年，柏牧逝世，唯先生之痛哭较父母故亡尤甚！先生之爱柏牧，犹约翰之爱主然也。

丁巳年（1917）先生复任石门坎教会外务，兼视理学校。自是年后，则用不返苗疆，而至上省传道，年终回里，半途而遭匪患，死亡何地，无人所，总之先生亦为道舍己，而享其当得之旒冕也。

培植苗族子弟之钟焕然

柏牧用以培植苗族，改进文化者钟焕然也。据钟焕然先生，系穷苦子弟，幼时为人牧牛。其父与柏牧担水，其母与柏牧洗衣，诚可寒苦。一日柏牧问其母曰：汝何不送汝子来此读书，先生之母曰：无缴费，安能读乎。柏牧曰：有我，汝送来。自此先生方得入塾读。不幸先生忽然得病，几乎欲亡。先生跪祷告曰：我天父欤，汝救我脱离死亡，我愿终身为主作工，不贪世禄荣福矣。主应其祷而使之复苏。故此先生终身不敢忘其誓言。及其为苗族开工，一志

为主作工，酬报主恩，所至皆大有起色。柏牧喜甚，委于石门坎任花苗高初校长。先生诲人不倦，救人不乏，辛辛苦苦历有五年，训出教员五十余名，且吸引石门坎四围汉族，皆归入基督。设有银炉河坝、熊家沟、仓上等三堂。真为基督预备以救苗族之人物也。

先生治校得法，训诲精细。其念书也，津津有味，使学生从而乐读，其讲书也，先由单字明了而后串讲，知串讲则闭书而默叙。如是之精详，训练虽愚必明，虽柔必强矣。尝训学生之师资曰：汝等为师，必威爱相用以治服学生。汝独爱无威，则学生不惧，而秩序易于倒乱，学校不能振兴，务威而无爱，则远学生而不得其心，师生断绝感情，其为害亦非浅鲜也。此二语者先生师范之总纲，而授以学生为师之需资也。故其学生出为教员，竟取法于先生之训诲，愈于师范卒业者，见其实效也。

杨雅各善得牧心

杨雅各乃威宁石门坎雨檆弯人也，为人聪颖诚实。柏牧爱之，深得柏牧

信用于总部，非有要事，不得遣派出外。故数年之内，皆往石门坎，补助柏牧翻译工作。

张约翰直性救人

张约翰系彝良木渡沟人。性情刚直善言，热心救人。初为石门坎建堂账记，然后被派米耳沟补助建堂，又石门坎住二年，补助传道，自柏牧由英返华，仍任米堂传道，后奉委武定撒布山，任传道兼任教员，自此返里，仍任西店子传道，后易委龙井任传道。及柏牧逝世后，因刚直义勇之善救，人以为过分，无能用之。遂回府归农，经无数磨难，亦毫无冷淡，厚逢聚会，或与未知主者，皆兢兢业业，传扬主道，烟酒以及勒死牲畜，终身未沾，非属灵能如是之节制乎。诚可钦可慕之老传道者也。

朱多马勇力性温

朱多马原籍彝良铜厂沟，后迁木渡沟与张约翰同村。为人聪颖温和，道学、音乐皆优。凡所至者，无不欢迎乐待，力能负十人，口能衔水，步行一里，

飞越丈余，泅水数里，毫不费力，虽为苗族独一无二之勇士，然性谦逊和蔼，毫无持勇凌人，成为主爱之勇士也。初委与郭牧至武定洒布山，开辟教会，由之返里，被委任米尔沟传道。自柏牧由英返华，委任天生桥传道，又明年，被柏牧派往寻甸果普族(一)，开设教会。由之返里，被委于总部，及柏牧逝后，王牧委任米耳沟传道，至戊午年（1918），由米堂往家，不幸于半路饮水得疾而卒，寿三十四而逝睡候其荣冕之享。

朱腓力善能和睦

朱腓力原籍于彝良铜沟，朱多马之徒弟也。为人温柔谦和，少语诚朴，善能与人和睦；故所到之处，教友皆依依不舍，竭力惋（挽）留。初派与张约翰于米耳沟建堂，翌年委西店子任传道兼建堂。柏牧回国，则住石门坎二年。及柏牧返任会务，被委任长海子传道三载，后易委腰居子传道三载，至丙辰年（1916），柏牧派往武定洒布山，补助郭牧传道，深得教会欢迎，挽留八

(一) 彝族支系葛泼。

载，不幸遇瘟疫，丧子女七人，因心忧烦急心破胆裂，血液不舒，于甲子年（1924）返里，带病至丁卯年（1927）而卒，寿四十二而逝。卧待天父之福赏。将逝时，欲勖勉其弟朱果成，热心为主作工，不可冷淡效法世俗，故继续呼其弟曰：我小弟来乎！家人曰未来，再三再四曰我亲爱的小弟来乎！家人曰：未来，甚至呼其弟至鸡将叫而逝。殊知其弟已往远方为主作工，未知其逝期已近而不来。是夜其弟于西店子堂，梦见兄来训曰：我至爱之弟，我期已满，我欲归我天父家，我弟汝务殷勤为主作工，不可懈怠，效法世俗，言毕，遂负书包持杖沿江上而往天家矣。其弟回视，已不见兄焉。

朱党聪明善交

朱党原籍威宁仙马脚人。体高容伟，言明心清，虽未入学，能明经达理。楷书草书，均奇笔舞墨，为苗族罕见之才也。初委天生桥传道，后奉遣往武定洒布山传道。由此返里，遂得柏牧委派川苗开工。周游数年，设有今日五县之教会。后派往寻甸果普传道，于彼得病回里，多方医治无效而卒。寿三十

余而逝，惜哉英才，匆匆眠息。

王道源慈善舍身

王道源籍贯为威昭交界海跨山人。笑容慈善，擅长歌诗。初于石门坎传道，后被委派武定洒布山，补助郭牧开工。由此回里，奉委米耳沟传道，时值学生染热症，道源日夜事护，学生均愈，反自染疫而卒，年方二十余，长眠而俟其荣矣。此传道身卧远方之一人也。

王基甸忠朴热忱

王基甸彝良树木柯人。性忠直朴，热心传道。初于石门坎读书兼任传道。后被派往武定洒布山传道一年，由之返里，被委汤锅寨，经理松米，及柏牧自英返华，委任于石门坎传道，次年被委寻甸果普族开设教会，由此归里，被委长海子，传道三年。柏牧逝后，委于本乡炉茅寨传道，兼理家务，不幸染疫而卒，寿四十余而长眠俟福矣。

王定安神学超众

王定安字静斋，彝良落尾坝人也。为人殷勤好学，和平信义，同学无不爱慕其美德。幼时其父送之私塾读书，年十三岁，继入米耳沟读书，年十六升学于石门坎高小，连考三年，皆争得最优第一名，为全校诸生三百余名之冠。柏牧喜甚，升送成都华西中学肄业，初年考最优二名，次年考最优一名，以及三年皆如是，无人能与之争衡。于是同学谊友，假贺请宴，不幸被毒，返里病发而亡，年二十三，断命无闻，不免父泣于歧路，妻泣于闺室，苗族莫不哀惜杜（栋）梁折断，悲夫！

王爱福和平义气

王爱福字锡五，原籍鲁甸白岩脚人，后迁居大关蒋家坝。为人刚直好勇，和平义气。十五岁入学，十六岁升入高小，廿岁升入成都中学，廿五岁回任石门坎高小校长，廿六岁配婚任米耳沟初小校长兼传道职员，翌年易于天生桥，

然后转任本乡会务，统治落尾坝、凉风凹、麦子坝三处教会。最不幸者，于成都受毒，抱病回里，每年必发生一次，年方三十病发而卒。

王快学善教重礼

王快学彝良梭戛村人，幼时汝学于石门坎，心未开时，似属迟钝，及升高小，心豁然大开，算数、英文当争第一，擅长绘画，为全校之冠，柏牧佳善，升入成都华西中校肄业，四年卒业返里，任石门坎高小校长，性慈敦和，学生敬重，成绩甚优，仅一年，毒病重发，于昭通医院，多方诊治而无效，终归长眠逝世。二百余生无不流泪汪汪，叹息其慈善温和之良师！父母哀泣！良友嗟叹！宗族同哭！苗民共悲！皆惜先生之礼义廉耻，实行慎重，苗族中再求如是之慎重鲜矣悲夫！定安、爱福、快学三位先生，虽中途崩殂，大功未显，然而其为种族争光荣，牺牲成仁，亦我宜纪念不亡之俊秀也。

花苗性耿直與紅苗
青苗黑苗皆黔種流
入滇境其類以衣為
別勤業守法昭通府
屬魯甸永善有之